위챗을 알면, 중국대륙도 넓지 않다

위챗을 알면, 중국대륙도 넓지 않다

발행일   2015년 5월 29일

지은이   조 진 태
펴낸이   손 형 국
펴낸곳   (주)북랩
편집인   선일영   편집   서대종, 이소현, 김아름
디자인   이현수, 윤미리내   제작   박기성, 황동현, 구성우, 이탄석
마케팅   김회란, 박진관, 이희정
출판등록 2004. 12. 1(제2012-000051호)
주소   서울시 금천구 가산디지털 1로 168, 우림라이온스밸리 B동 B113, 114호
홈페이지 www.book.co.kr
전화번호 (02)2026-5777   팩스   (02)2026-5747

ISBN   979-11-5585-620-8 13320(종이책)   979-11-5585-621-5 15320(전자책)

이 책의 판권은 지은이와 (주)북랩에 있습니다.
내용의 일부와 전부를 무단 전재하거나 복제를 금합니다.

이 도서의 국립중앙도서관 출판예정도서목록(CIP)은 서지정보유통지원시스템 홈페이지(http://seoji.nl.go.kr)와
국가자료공동목록시스템(http://www.nl.go.kr/kolisnet)에서 이용하실 수 있습니다.
(CIP제어번호 :   CIP2015014801   )

중국 마케팅, 웨이신 대혁명

위챗을 알면 중국대륙도 넓지 않다

위챗 마케팅 실전 매뉴얼

조진태 지음

북랩 book Lab

추천사 1

한국 중소기업들의 중국 진출을 현장에서 지원하는 기관에서 근무를 하고 있기 때문에 각종 통계조사와 분석자료를 통해 중국의 트렌드를 항상 예의주시하고 있습니다. 최근 중국은 정치, 사회, 경제 전 분야에 걸쳐 많은 변화가 일어나고 있으며 그 속도가 무척 빠르다고 할 수 있습니다. 변화의 요인은 다양하나 그 중에서 현재 중국인 생활과 가장 밀접하다고 볼 수 있는 '위챗'이 중국사회에 미치는 영향력은 매우 크다고 볼 수 있습니다.

중국의 젊은 층 및 도시 거주자들 중에서 위챗을 사용하지 않는 사람을 보기가 힘들 정도로 이미 대부분의 중국인에게 필수적인 모바일 커뮤니케이션 수단이 되었습니다. PC 인터넷 세대들에게 QQ가 보편적인 메신저 수단이면서 그들을 대표하는 상징성이 있었다면, 빠르게 모바일 세대로 전환되는 시점에서 위챗은 중국인을 대표하는 상징적인 존재로 볼 수도 있을 것입니다.

위챗은 사용자들에게 무료 모바일 메신저 서비스를 제공하는 동시에 기업들에게는 새로운 마케팅채널로 활용할 수 있도록 함으로써 상업적인 가치를 제공하고 있습니다. 이미 중국의 많은 기업들이 위챗을 활용하는 마케팅 전략을 실행하고 있습니다.

광대한 중국 시장의 특성 때문에 막대한 마케팅 비용이 우리 기업의 중요한 애로사항으로 꼽히고 있기 때문에 우리 중소기업에 있어서 위챗을 활용한 온라인 마케팅은 최소의 비용으로 최대의 성과를 기대할 수 있는 복음과 같은 소식입니다. 그러나 아쉽게 국내 위챗 활용 마케팅에 대한 실전 매뉴얼이 거의 부재한 상황에서 나온 조진태 사장의 책은 가뭄에 단비와 같은 소식입니다. 10여 년 전부터 보아 온 조진태 사장은 젊은 나이에도 불구하고 온오프라인을 어우르는 다양한 사업을 경험하며 중국시장 이해에 대한 만만치 않은 내공을 가진 신진 중국 전문가입니다. 조 사장이 실전에서 직접 경험하고 분석한 정보를 바탕으로 작성된 본서를 통해 한국의 많은 중소기업들이 중국시장에 대한 새로운 접근과 기회를 만들어 볼 수 있기를 기대해 봅니다.

중국 서안 코트라 관장
황재원

> **황재원**
> 코트라 중국 대련, 청도, 하문, 북경 무역관을 거쳐 현재 서안 무역관에 관장으로 재직 중으로 다년간 중국진출 한국 투자기업의 지원 업무 및 중소기업 수출 지원업무에 종사해 온 오랜 경험과 노하우가 풍부한 중국 전문가이다.

추천사 2

 2014년 5월 베이징 국제서비스 무역박람회에 참가했을 때 필자와의 인연이 시작되었다. 중국에서 IT업종에 종사하는 한국인은 그다지 많지 않아서인지 매우 반가웠다. 한국에 있는 저자와 메신저를 통해, 때로는 그의 베이징 출장이 있을 때 직접 만나 '중국 온라인의 현재와 미래'에 대한 주제로 많은 이야기를 나누었다. 대화를 나누며 나는 중국에 다년간의 경험을 가지고 있는 필자가 중국 온라인시장을 정확히 이해하고 있는 '온라인 중국통'이라는 것을 느낄 수 있었다.

 2015년 초 그의 베이징 출장여정 중 다시 만나 위챗 공중계정을 한국기업들에게 알리고 싶다는 이야기를 들었다. 중국에는 13억 6천만 명의 중국인구, 12억 8천만 명의 휴대폰 사용자, 90% 이상의 스마트폰 보급률… 그리고 스마트폰에는 중국에서 가장 강력한 SNS마케팅 수단인 위챗이 설치되어 있고, 대부분이 위챗을 사용하고 있다. 중국인들이 시도 때도 없이 꺼내보는 위챗을 한국기업들이 사업에 어떻게 적용하고, 활용할 수 있는지를 연구해 보겠다는 필자의 포부와 열정에 적극적으로 동의했다.

　중국 온라인에 대한 이해와 업종 및 상황별 온라인 마케팅 전략이 소개되어 있는 이 책은 중국에 진출할 한국기업과 브랜드들에게 교과서와 같이 사용될 수 있을 것이다. 이 책을 통해 우리 기업들이 '중국인들에게 브랜드를 어떻게 인식시킬 것인가?'라는 질문에 대한 해답을 찾을 수 있기를 기대한다.

중국 온라인비즈 전문 네이버 블로거 '루나아빠'
이승진

루나아빠
10여 년간의 중국경험을 토대로, 여러 가지 중국 관련 사업과 어렵게 느껴지는 중국의 온라인 시장의 변화와 미래를 블로그를 통해 쉽고 재미있게 현장의 생생한 소식을 전해주는 중국 전문 블로거이다.

머리말

　필자가 위챗이라는 것을 알고 관심을 가진 시기는 2012년 중순쯤 됩니다. 2~3년 전에 위챗이라는 앱을 처음 봤을 때 느낌은 매우 충격적이었고, 향후 중국 관련 비즈니스에서 독특한 포지션을 가질 것이라는 막연한 생각이 들었습니다. 모바일 인스턴트 메시지 어플인 카카오톡이 서비스되었을 때 편리적인 측면에서 놀랍고 감사하다는 느낌을 받았다면, 위챗에 대한 사용 후기는 단순 편리를 우리에게 제공한다는 부분 외에 중국사회 전체를 혁명시킬 파급력을 예측할 수 있었습니다. 기존의 중국 질서와 규칙을 바꿔놓을 무시무시한 존재라는 느낌을 받았고 중국 관련 비즈니스를 하는 1인으로서 중국시장을 같이 개척하는 많은 한국 분들이 필수적으로 활용해야 할 플랫폼이라는 판단 아래 위챗 소개서를 집필하기 시작했습니다. 2013년 3월, '위챗활용서'라는 책을 출간하기 위해서 여러 출판사에 출판의뢰를 요청하였으나 당시에 위챗 자체에 대한 인지도가 너무 낮은 상황이라 계약이 성사되지 않았습니다. 지금 위챗 관련 도서가 나올 수 있는 것은 그때로부터 2년이 지난 지금, 당시 예측했던 위챗의 가능성과 무궁

무진한 잠재력이 이미 중국시장에서 증명되었기 때문일 것입니다.

2년 전, 위챗은 카카오톡과 비교했을 때 기능적인 측면에서 유사한 기능도 있었고 카카오톡에 없는 독특한 기능도 서비스되고 있었습니다. 위챗은 모바일 시대를 준비하는 중국사회에서 마치 칭기즈칸이 대륙을 평정하듯 중국 모바일 사용자들을 한곳으로 모이도록 하는 시대를 예고하는 듯했습니다. 또 위챗의 보이스 메시지 기능은 통신료에 대한 근검절약이 몸에 배어있고, 인터넷 데이터요금에 민감한 중국인에게 더 이상 고민하지 말라는 메시지를 강하게 던지는 듯했습니다.

위챗은 아주 빠른 속도로 발전하고 있으며 끝이 보이지 않을 정도로 현재도 진화하고 있습니다.

위챗이 처음 서비스되었을 때 중국인 사용자에게 스마트폰의 사용용도가 단순히 전화나 문자를 무료로 이용할 수 있다는 의미였다면 현재 중국 스마트폰 사용자가 느끼는 위챗은 하나의 생활이고, 하나의 생각이며, 또 하나의 나입니다. 더 이상 위챗 없이는 생활을 향유할 수 없을 정도로 사회 대부분의 인프라가 위챗이라는 플랫폼 안에서 유기적으로 작용하고 있으며 지금이 아닌 미래의 무엇인가를 창조해 낼 수 있는 충분한 여유와 공간이 위챗에 존재하기에 중국인들은 위챗에서 자신의 오늘과 미래를 만들어 가고 있습니다.

위챗의 발전역사에서 가장 위대한 혁명은 공식계정 플랫폼의 개방성이라고 할 수 있습니다. 위챗의 공식계정은 미완성의 플랫폼입니다. 중국인들의 다양한 니즈를 반영한 새로운 서비스가 무수히 쏟아져 나올 수 있도록 격려하며 기술적인 지원을 합니다. 위챗이 제공하는 미완성의 플랫폼을 자신이 어떻게 활용하고 어떻게 최적화하느냐에 따라서 각자의 완성된 플랫폼으로 변화되는 것입니다.

2014년 11월, 텐센트 위챗 운영조직에서 'Wechat Thinking'이라는 책을 출간하였습니다. 이 책에서 위챗의 아버지라 불리는 '장시아롱'은 위챗에 대해서 몇 가지 키워드로 묘사하고 있습니다. '미완성', '사용자 중심', '고객가치', '연결', '융합', '모바일인터넷시대', '기술진보', '민첩성', '창조'… 그리고 마지막으로 위챗은 단순한 플랫폼이 아닌 생각의 연속성이라는 것을 강조하고 있습니다. 묘사된 키워드들을 조합해 보면 "우리가 대면한 모바일인터넷시대에서 민첩하게 기술진보와 융합이 이루어지는 미완성 플랫폼인 위챗을 활용하여 고객가치를 우선으로 하는 사용자 중심 마인드로 자신의 새로운 것을 창조하라"고 이해할 수 있을 겁니다.

한중 FTA의 실질적인 타결이 선언되었고, 2014년 한 해 중국인 방문객 수가 600만 명을 돌파한 시점에서 어떤 업종을 불문하고 중국시장의 문을 두드려야 하는 것은 우리가 처한 숙명일 것입니다. 중국시장에 어떻게 접근해야 하며, 중국 소비자의 특성을 어떻게 이해할 수 있을까라는 고민은 중국 비즈니스를 하는 대부분의 사람들에게 숙제일 것입니다. 광활하고 넓은 중국이기에 지역별로 다양한 마케팅 기획을 진행하고 다양한 민족의 소비자를 분석하려 했던 노력은 이제 어쩌면 무의미할지도 모릅니다. 넓고 다양한 지역에 거주하는 중국 소비자가 아닌 위챗 사용자라는 하나의 타깃층이 생겼기 때문입니다. 위챗이 가져온 중국인의 생활패턴 변화는 편리와 실리를 추구하는 전 중국인의 공통된 니즈가 반영되어 있으며 소비패턴은 위챗 플랫폼

안에서 유사한 형태를 보여주고 있습니다.

  위챗과 위챗 공식플랫폼을 이해하기 위해서는 먼저 과거의 위챗과 현재의 위챗을 알아야 할 것입니다. 하지만 더욱 중요한 것은 미래의 위챗이 가져올 변화와 혁명에 대해서 고민해야 한다는 것입니다. 위챗의 미래는 이 책을 읽고 있는 당신의 창조적인 생각으로 만들어질 것입니다. '연결'과 '개방'을 강조하는 위챗을 통해서 바로 당신의 새로운 미래를 창조해 보시기 바랍니다.

  개인적으로는 위챗을 사용하면서 조금만 더 일찍 이 서비스가 출시되었으면 어땠을까 하는 아쉬움이 있습니다. 2000년도부터 중국대륙을 자전거로 횡단하면서 길에서 만난 소중한 인연들과 위챗을 통해 연락하고 지낼 수도 있었기 때문입니다.

  마지막으로 위챗을 한국에 소개하는 데 의미를 공감하여 물심양면으로 도움을 주신 정영성 대표님, 송현관 이사님께 감사드리며, 위챗 개념 이해에 큰 도움을 준 중국 텐센트 그룹의 텐페이 사업부 경리 티엔시아오칭과 성심성의껏 자료를 준비한 김지민 대리에게도 고마움을 전달합니다. 그리고 좋은 책이 나올 수 있도록 적극 협조해 준 북랩 출판사 관계자님께도 감사의 말씀드립니다.

시작하며

　이 책에서 소개되는 대상은 크게 두 개로, '위챗'과 '위챗 공식계정'이 그것입니다. 위챗은 카카오톡과 유사한 모바일 인스턴트 메시지 어플리케이션 서비스입니다. 카카오톡이 위챗보다 더 일찍 서비스되었고 기본적인 사용자 기능은 유사합니다. 한국 사용자와 중국 사용자의 선호하는 경험과 문화의 차이로 인해 몇 가지 기능들은 상이한 부분도 있습니다. 카카오톡이 한국인의 대표 모바일 메신저 앱인 것처럼 위챗은 중국의 대표 모바일 메신저 앱으로서 오늘날 중국인들에게 필수적인 어플리케이션입니다.

　위챗 공식계정은 카카오톡 플러스친구나 옐로아이디처럼 위챗 사용자들을 대상으로 매체활동을 할 수 있도록 하는 목적이기는 하지만 완전히 다른 개념의 서비스입니다. 플러스친구나 옐로아이디는 카카오톡이 구축한 환경 내에서 정해진 서비스만 활용이 가능한 반면에 공식계정은 오픈 API를 지원하여 계정 운영주체가 원하는 기능과 서비스를 자유롭게 세팅할 수 있습니다. 더욱 다양하고 창의적인 서비스를 구축할 수 있다는 것입니다. 또한 고객관리시스템을 기본적으로 제공하며 기업에 필요한 여러 솔루션들을 위챗 공식계정을 통해서 구축하여 시스템 원가절감의 효과를 볼 수 있습니다.

위챗 공식플랫폼에서 회원가입을 하는 절차가 공식계정을 신청하는 것이며 등록되면 로그인하여 관리자페이지를 사용할 수 있습니다. 기본적으로 제공하는 관리자페이지를 '편집버전'이라고 지칭하며 오픈API로 개발한 별도 관리자페이지를 '개발버전'이라고 합니다. '편집버전'에서는 위챗이 기본적으로 제공하는 콘텐츠 관리, 통계 관리, 팔로우 관리, 기타 고급기능 등을 사용할 수 있으며 '개발버전'에서는 기본적으로 제공하지 않는 기능 중에서 별도로 특정 기능을 개발했을 때 사용가능 합니다.

우선 위챗과 위챗 공식계정이 어떤 모습인지, 어떤 기능이 있는지를 이미지 로드맵을 통해서 알아보도록 하겠습니다. 책에서 소개하는 내용들을 이해하는 데 참고가 될 것입니다.

자, 이제 놀라운 '위챗'의 세계를 경험해 보겠습니다.

Chats 화면

- 서비스형 공식계정
- 지인 계정
- 구독형 공식계정 (모든 구독형 공식계정은 여기에 다 들어감)
- 채팅리스트 (메인화면)

- 신규 그룹채팅 생성 및 기존 그룹채팅 검색서비스형 공식계정
- 위챗 아이디 조회로 지인 및 공식계정 추가
- QR코드 스캔으로 지인 및 공식계정 추가
- 도움 & 피드백

- 계정정보
  나의 포스트
  즐겨찾기
  지갑
  카드팩
  세팅

- 추천지인
  그룹채팅
  태그룹 그룹채팅생성
  공식계정
  지인리스트

- 모멘트
  QR스캔
  흔들기
  부근 사람 찾기
  게임

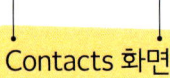
Contacts 화면

추천지인

그룹채팅

태그 설정으로
그룹채팅 생성

공식계정
리스트

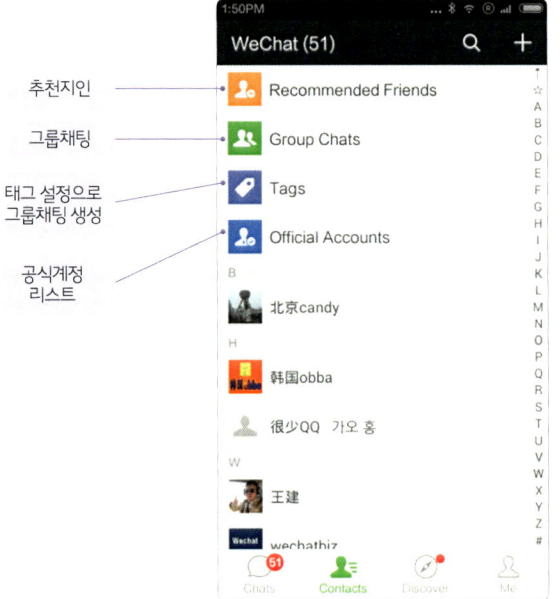

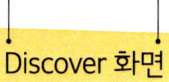
Discover 화면

지인 모멘트

QR코드스캔

동시에 흔든
사람 연결

부근 사용자
연결

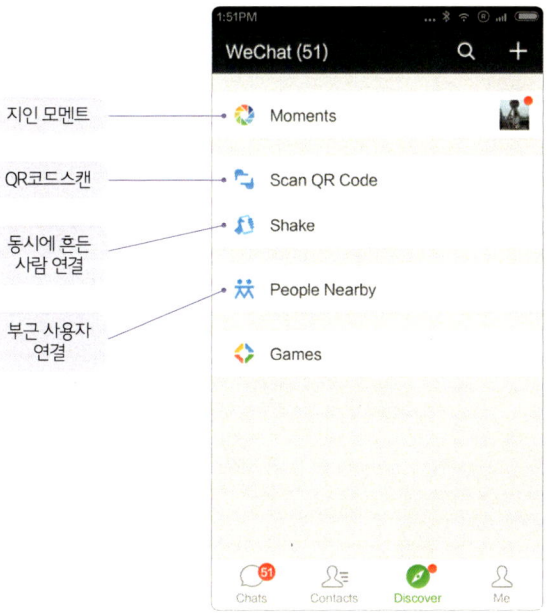

지인 모멘트	흔들기 기능	부근 사용자 연결 기능

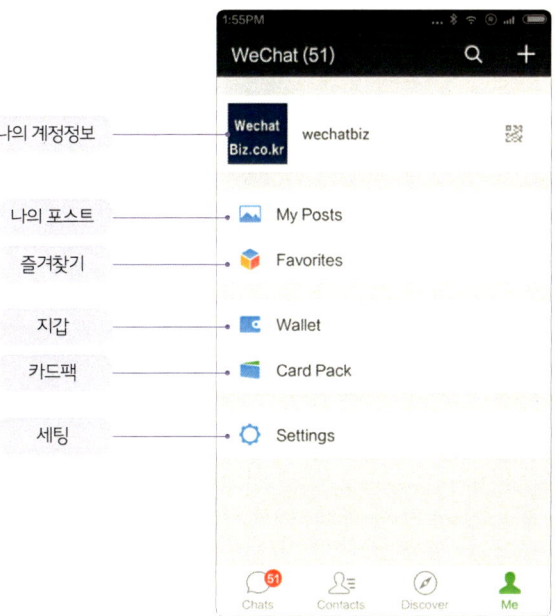

지갑(wallet) 화면

위챗 공식계정

관리자페이지 URL: https://mp.weixin.qq.com

메인페이지 화면

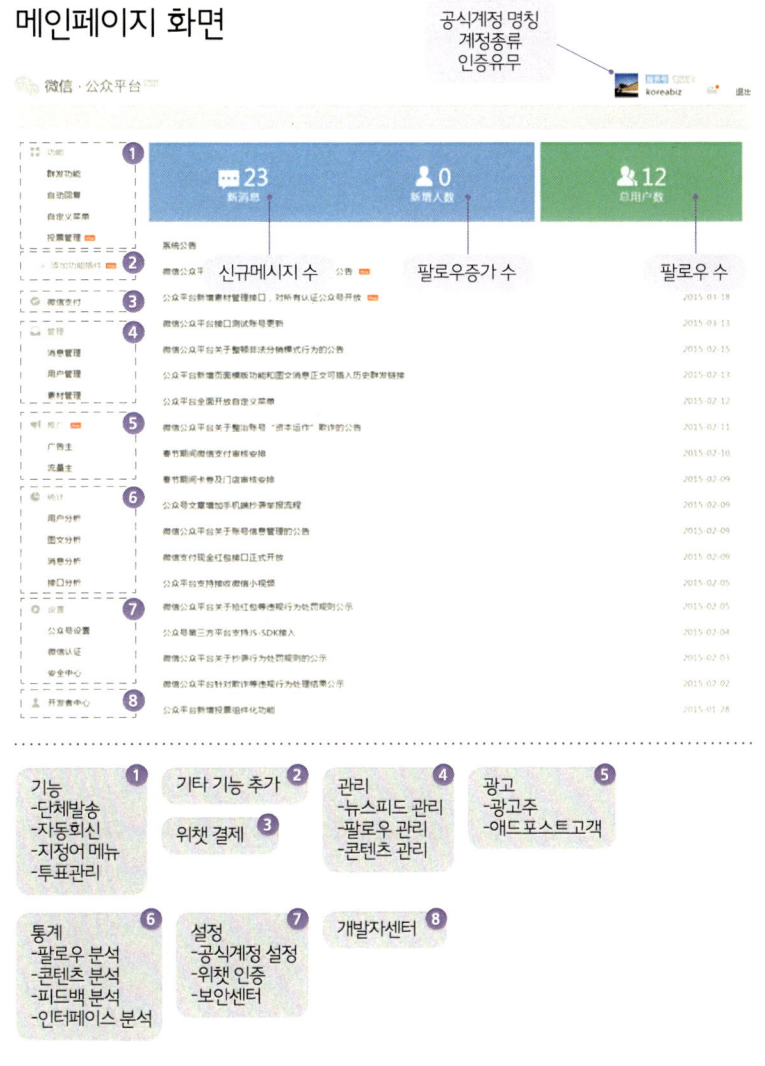

기타기능 추가 화면: 인증받은 계정이 추가로 신청하는 기능

① 외부기기 연동　② 위챗 쇼핑몰　③ 위챗 카드
④ 안전모드 알림　⑤ 멀티 상담　⑥ 위챗 와이파이

목차

추천사1 ·· 04
추천사2 ·· 07
머리말 ·· 09
시작하며 ·· 15
위챗 / 위챗 공식계정 ·· 17

PART 01 위챗이란 무엇인가 ·· 29

Chapter 01
위챗 ·· 33

Section 01 위챗 사용자 ··· 35
Section 02 위챗 사용 패턴 ··· 39
Section 03 위챗 History ·· 42
Section 04 위챗 Future ·· 47

Chapter 02
위챗 사용법 ·· 49

Section 01 위챗 설치 ··· 50
Section 02 위챗 기능 ··· 52
Section 03 위챗 wallet ··· 56
Section 04 위챗 훙바오 ··· 59
Section 05 위챗 PC ··· 62

Chapter 03
위챗 HOT ISSUE 64
- Section 01 2015년 춘절, 위챗 홍바오가 중국 전역을 흔들다 65
- Section 02 위챗, 스마트 중국을 건설하다 66

PART 02 위챗 공식계정이란 무엇인가 73

Chapter 01
위챗 공식계정 77
- Section 01 공식계정 사용 현황 79
- Section 02 공식계정의 가치 82

Chapter 02
위챗 공식계정 사용법 85
- Section 01 위챗 공식계정 종류 86
- Section 02 위챗 공식계정 신청 89
  - FOCUS 한국사업자인 경우 93
- Section 03 위챗 공식계정의 편집버전 & 개발버전 95
- Section 04 위챗 공식계정 운영 TIP 99

Chapter 03
위챗 공식계정 운영 사례 101
- Section 01 电影票: 영화티켓 예매 103
- Section 02 西单大悦城: 쇼핑센터 106
- Section 03 北京艾玛整形美容: 성형외과 병원 109
- Section 04 海底捞火锅: 샤브샤브 레스토랑 112
- Section 05 唯品会特卖: 할인 쇼핑몰 114

Section 06　街町酒店: 호텔/게스트하우스 116
Section 07　爸爸去哪儿第二季: 예능 프로그램 '중국판 아빠 어디가' 118
Section 08　倩碧Clinique: 클리닉 화장품 120
Section 09　若泉面膜: 마스크팩 화장품 122
Section 10　米兰婚纱摄影: 웨딩촬영 124
Section 11　e袋洗: 모바일 기반 O2O 세탁서비스 126
Section 12　奋斗在韩国: 한국정보 커뮤니티 128
Section 13　小猪短租: 중국판 airbnb 130
Section 14　武汉交警: 우한시 교통 경찰청 132
Section 15　好药师: 온라인 약국 134
Section 16　好乐迪KTV: 노래방 136
Section 17　WEWE: 패션회사 138
Section 18　永乐票务: 공연기획사 140
Section 19　范冰冰: 연예인 142
Section 20　首都博物馆: 박물관 144
Section 21　日本国家旅游局: 일본여행국 146

PART 03　위챗 마케팅이란 무엇인가 149

Chapter 01
위챗 마케팅 152

Chapter 02
위챗 공식계정 홍보 방안 158

Chapter 03
마지막 남은 중국 마케팅 수단 162

부록 1　위챗 관련 용어 한·영·중 표기법 165
부록 2　중국 모바일 전자상거래 플랫폼 '웨이디엔' 166
참고자료 173

PART 01
위챗이란 무엇인가

온라인에서 블로그를 운영하고, 오프라인에서 세미나를 개최하면서 사람들로부터 위챗이 무엇이냐, 라는 질문을 많이 받았습니다. 사실 정의를 내려본 적이 없었기 때문에 이런 질문에 조금은 당황하였고, 곰곰이 생각해 보았습니다. "위챗은 모바일 인스턴스 메시지 어플리케이션 입니다."라고 정의를 내리기에는 위챗과 관련하여 지속적인 블로그 포스팅을 하고 오프라인 세미나까지 개최하고 있는 필자가 느끼기에 너무나도 부족하고 무언가 핵심적인 내용이 빠져 있었습니다. 필자는 위챗을 통해서 중국의 현재와 미래를 볼 수 있다는 큰 가치를 느끼고 있으며 이 책을 집필하면서 진정한 위챗의 정의를 내릴 수 있을 것이라고 생각합니다.

2015년 3월 30일, 디스커버리(Discovery)채널에서 위챗 다큐멘터리를 공개하였습니다. 디스커버리 제작팀은 위챗에 대해서 이렇게 묘사하고 있습니다. "위챗은 사람과 사람, 사람과 사물, 사람과 비즈니스 및 엔터테인먼트를 연결하고 있다, 위챗이 앞으로 연결하는 것은 중국사회 전체일 것이고, 어떤 형태가 될지는 사람들의 창의적인 생각에 따라 결정될 것이다."디스커버리 제작팀은 위챗을 '연결'이라는 단어로 표현하고 있습니다. 중국의 넓은 대륙과 13억이라는 인구를 하나로 묶을 수 있는 그런 잠재력을 가진 존재라고 이해할 수도 있을 것입니다.

위챗의 '연결'은 현재진행형이며, 대표적 예시가 온라인과 오프라인을 연결하는 형태입니다. 오프라인매장에서 QR코드 또는 바코드 스캔을 통해서 온라인으로 정보서치 및 결제를 할 수 있고 반대로 온라인상의 검색, 예약, 결제 행위를 오프라인에서 적용받을 수 있습니다. 중국에서 이미 보급화된 콜택시 어플 서비스가 또 다른 예로 볼 수 있습니다. 또 그 외 여러 방면의 온·오프라인의 결합형태를 예시로 들 수 있으며 위챗은 바로 중국 O2O시장(ONLINE TO OFFLINE)을 개척한 장본인입니다.

카카오톡에 없는 기능 중에 위챗의 창의적인 기능을 소개할 때, '흔들기' 기능과 '부근 사람 찾기' 기능을 언급합니다. 이 두 기능의 공통점은 위챗을 통해서 새로운 사람을 만나고 소통할 수 있도록 한다는 것입니다. 중국의 많은 취업 준비생들이 소도시에서 대도시로 몰려들고 있고, 대도시에서는 갈수록 사람 간의 교류가 줄어드는 현상이 나타나고 있습니다. 위챗은 이런 사회현상을 해결하고자 새로운 사람을 만날 수 있는 기회를 주는 중간역할을 하며, 아름다운 사회를 지향하고자 하는 철학을 실천하고 있습니다.

위챗의 사용자 수가 2015년 초에 이미 8억 명을 돌파하였습니다. 불과 5년 만에 8억이라는 사용자를 확보할 수 있었던 원인 중 하나는 바로 보이스 메시지 기능입니다. 중국어 특성상 글씨 입력이 번거롭고 속도가 다소 느린 불편함을 해소시킴으로써 중국 사용자들의 폭발적인 호응을 얻게 된 것입니다.

위챗은 사용자에게 편리서비스를 제공하는 측면 외에 상업적 가치를 가지고 있습니다. 위챗의 상업적 가치는 개인계정을 통해서 새로운 비즈니스를 연결하는 기회도 포함되지만 본질적으로는 위챗 공식계정을 통해서 이해할 수 있습니다. 위챗은 위챗 공식계정 플랫폼이라는 것을 통해 유명인, 기업, 정부기관, 조직단체를 대상으로 개인계정과 다른 영역의 위챗 활용법을 제안하고 있습니다.

2015년 현재 중국에서 생성 및 운영되고 있는 위챗 공식계정 수는 800만 개에 달하며, 매일 3천 개씩의 공식계정이 신규 등록되고 있습니다. 위챗 공식계정은 고객과 더욱 편리하게 소통하고, 더욱 편리하게 고객관리를 할 수 있도록 기술적 인프라를 제공하고 있으며, 초기 서비스는 CRM에 집중되었습니다. 위챗 공식계정의 가장 큰 특징은 오픈API소스를 개방하여, 외부의 창의적인 서드파트 개발자(THIRD PARTY)들로 하여금 다양한 기능들을 개발하고 위챗과 연결하여 사용하도록 한 것입니다. 현재 위챗의 온·오프라인 결합형태의 다양한 상품들이 이런 외부개발자들이 개발한 무수히 많은 기능들이 참고가 되어 실현되었다고 해도 무방할 것이며, 앞으로도 더 다양하고 창의적인 개발기능들이 나올 것으로 기대됩니다. 위챗 공식계정을 통해서 실현되는 것은 무궁무진한 잠재력을 가지고 있으며 이러한 상업적인 가치를 가질 수 있는 것은 8억 명이라는 거대한 사용자가 있기에 가능한 일입니다.

Chapter 01
위챗

위챗은 2011년 중국 최대 인터넷 포털업체 텐센트(Tencent) 그룹에서 출시한 모바일 인스턴트 메신저 어플리케이션 입니다. 우리에게 비교적 익숙한 'QQ'라는 중국의 대표 메신저 서비스를 하고 있는 기업이 바로 텐센트 입니다. 그들은 'QQ'를 통해서 중국의 PC기반의 인터넷 사용자를 가장 많이 확보하였다면 '위챗'을 통해서 모바일인터넷 사용자를 가장 많이 확보하게 되었습니다. 위챗은 실제로 중국에서 경쟁 서비스가 없을 정도로 독점적인 입지를 차지하고 있으며 중국인들이 하루 중 가장 많이 사용하는 어플리케이션입니다.

위챗 사용자와 사용패턴을 분석한 통계자료를 보면 어떤 의미를 가진 존재인지 알 수 있습니다. 중국인에게 위챗은 하나의 '생활'입니다. 위챗 없이는 더 이상 사회생활을 영위할 수 없을 정도로 생활 깊숙이 관련을 하고 있으며 중국인 생활 생태계를 만들고 있습니다. 이는 '위챗라이프'라는 슬로건을 통해서 중국인들이 기존에 불편했던 요소, 개선이 필요했던 부분을 인터넷과 IT기술을 통해서 해결하고 있는 위챗이 일군 노력의 산물일 것입니다.

중국은 누구나 서비스가 낙후된 사회라고 생각합니다. 그렇기에 위챗이 바꾸어야 할 것들은 앞으로도 무수히 많을 것이며 이러한 고민과 결과물은 곧 중국사회와 위챗 스스로가 진화·발전하는 계기가 될 것입니다.

거창한 수식어와 기대를 한 몸에 받고 있는 위챗에 대해 자세히 알아보겠습니다.

Section 01　위챗 사용자

위챗은 2011년에 서비스를 출시한 이후 불과 433일 만에 사용자수 1억 명을 돌파하였고, 이후 6개월쯤에 2억 명을 넘어섰으며, 2013년 1월에 3억 명에 도달하였습니다. 2013년 7월에 사용자 수 4억 명을 돌파하였고, 8월에 해외거주 사용자 1억 명을 돌파하였습니다. 그리고 2015년 현재 사용자 수 8억 명을 돌파하는 경이로운 수치를 보여주고 있습니다.

중국의 인구수가 13억 명, 인터넷 사용자 수가 8억 명, 위챗 사용자 수가 8억 명이라는 것은 중국인을 타깃으로 하는 기업들이 위챗 사용자들을 대상으로만 홍보마케팅 활동을 해도 된다는 뜻도 됩니다. 중국이라는 넓고 다양한 특성을 가진 나라에서 하나의 채널에 대부분의 잠재 고객들이 모여 있다는 것은 큰 의미가 있습니다. 중국 디지털 마케팅 채널이 일원화가 된다는 것은 여러 방면에서 기회인 동시에 진입 타이밍을 놓쳤을 경우에 더욱 힘든 과정을 겪을 수 있는 양면성을 가지고 있을 겁니다.

다음에 제시하는 구체적인 위챗 사용자의 남녀비율, 연령층, 직업분포의 통계자료를 통해서 위챗 마케팅 타깃과 가치를 분석하는 데 도움이 되기를 바랍니다.

:::: 위챗 사용자 남녀 비율

위챗은 모바일 메신저 서비스뿐만 아니라 공식계정이라는 오픈API 개발 영역이 있습니다. 남성이 비교적 개발업무에 종사하는 경우가 많고, 이는 위챗 사용자의 전체 비율에서 남자가 여자보다 다소 높게 나온 요인 중 하나입니다.

위챗의 서드파티 개발사로 등록하여 창업을 하거나 신규 사업으로 하는 회사들이 날로 증가하면서 위챗은 중국 창업열풍에 공헌하게 되었고 신규 일자리 창출에도 기여하게 되었습니다.

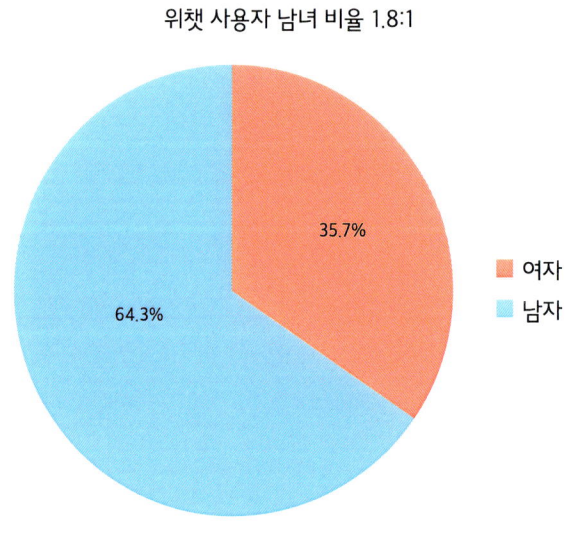

위챗 사용자 남녀 비율 1.8:1

:::: 위챗 사용자 연령층

위챗은 18세에서 35세 사이 연령층의 사용이 전체 사용자 수의 86.2%를 차지할 정도로 젊은 층 위주의 메신저 어플리케이션입니다.

중국의 주요 소비계층인 1980년대 출생자와 소황제라 일컫는 1990년대 출생자가 이에 포함되며, 기존세대보다 더욱 개방적이고 서구화 마인드가 강한 1995년 이후 출생자도 일부 포함됩니다. 위챗 공식계정을 운영할 때 위챗 사용자 연령층을 고려한 운영전략이 필요할 것입니다.

위챗의 활용범위가 갈수록 확대되고 있기 때문에 모바일 환경의 새로운 것들에 대해서 다소 적응도가 느린 중년층, 장년층도 점차적으로 유입될 것으로 보입니다. 향후 5년 후에는 위챗의 주요 사용자층이 50세까지 높아질 것으로 예상됩니다.

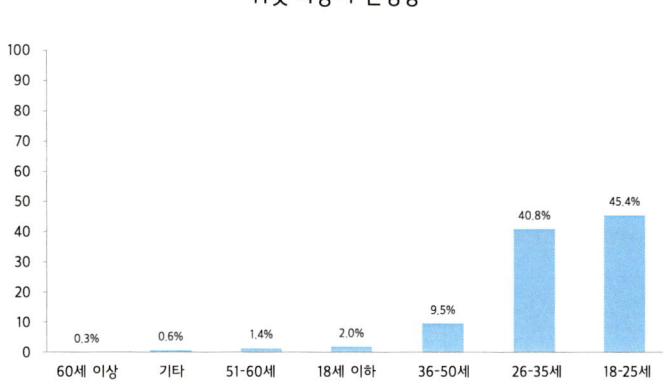

위챗 사용자 연령층

:::: 위챗 사용자 직업분포

위챗 사용자들의 직업 중 회사원, 개인 및 프리랜서, 학생, CEO의 비율이 전체 사용자의 90%를 차지하고 있습니다. 이는 도시 거주 주요 소비자 계층으로 볼 수 있으며 지인과의 관계가 비교적 활발하게 이루어지는 직업군으로도 볼 수 있습니다.

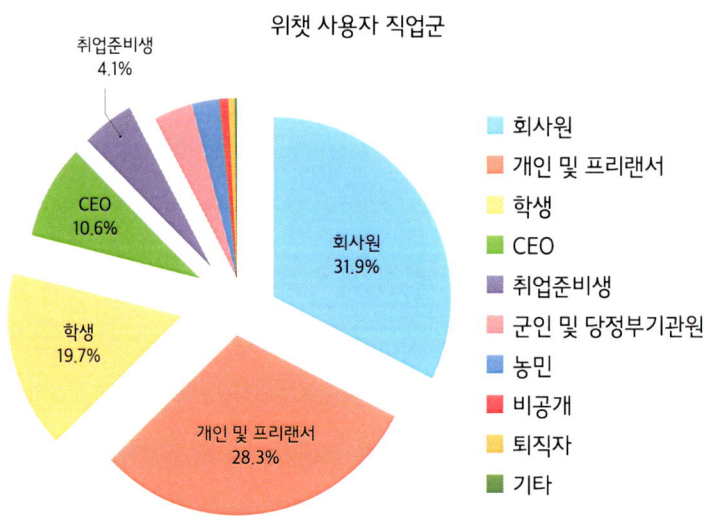

Section 02 위챗 사용 패턴

위챗이 중국인들 생활에 있어서 필수 앱이라는 것은 앞에서 언급하였습니다. 그럼 얼마나 자주 사용을 하는지가 궁금하실 겁니다. 많은 인기 어플리케이션이 실제로 사용하는 횟수가 생각보다 많지 않은 경우가 많으며 설치만 하고 주기적으로는 사용하지 않는 경우도 있기 때문입니다.

또한 위챗의 상업적인 가치에 대해서 8억 명이라는 사용자 수가 있기 때문에 그 가치를 평가받는 것이라고 하였습니다. 하지만 아무리 위챗의 사용자 수가 많다고 하더라도 그들이 실제로 자신이 운영하는 계정의 팔로우(고객)가 되게 하는 것은 또 다른 문제입니다. 모든 사용자들에게 자신의 공식계정을 노출하는 것은 불가능하고 광고나 기타 홍보수단을 통해서 단기간에 수십만 명의 팔로우를 만드는 것도 쉽지 않을 것입니다. 결국은 기존 팔로우(고객)들이 얼마나 많은 지인과 연결되어 있으며 얼마나 많은 공유를 하는지가 중요한 요소입니다.

일일 위챗 사용 횟수와 지인 수에 대한 통계를 통해서 마케팅 채널로서 위챗의 가능성을 가늠해 볼 수 있을 것입니다.

:::: 일일 위챗 사용 횟수

　하루 동안 10회 이상 위챗을 사용하는 비율이 55.2%를 차지합니다. 4억 명이 넘는 사용자들이 매일 10번 이상 위챗을 사용하는 것입니다. 우리가 카카오톡을 언제 어디서나 사용하는 것과 비슷합니다. 지인과의 연락, 정보검색, 쇼핑, 오프라인 결제, 콜택시 등의 행위를 위챗을 통해서 하고 있습니다. 위챗이 중국인에게는 생활의 일부라고 표현하더라도 무방할 것입니다.

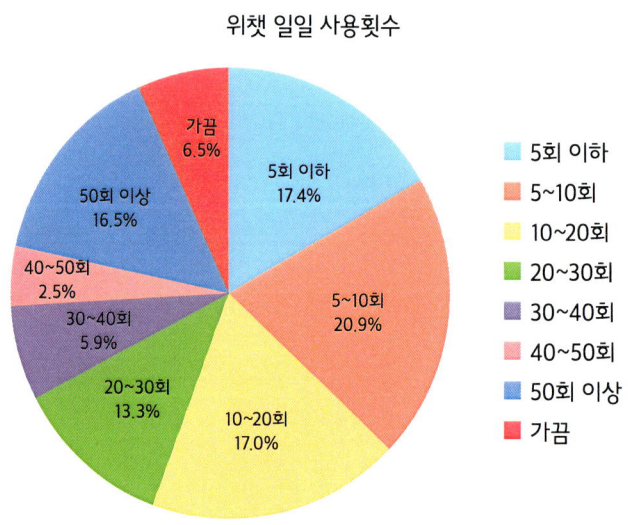

∷∷ 위챗 사용자 지인 수

위챗 지인이 50명을 초과하는 사용자 비율이 전체에서 62.7%를 차지합니다. 중국인들은 기존 지인과 연락을 할 때 위챗의 텍스트 메신저나 보이스 메신저를 통해서 하고 있습니다. 자주 만나는 친구, 동료 뿐만 아니라 오랫동안 연락을 하지 못했던 고향친구나 친척 등도 위챗을 통해서 지인관계를 유지하고 있습니다.

또한 위챗에는 부근 사람 찾기 등의 새로운 사람과의 연결을 지원하고 있으며 명함공유 등의 간편한 기능으로 친구를 지인에게 소개할 수도 있습니다. 위챗을 사용하는 중국인들은 모바일 기반의 SNS 활동을 적극적으로 하고 있으며 이는 점차적으로 지인 수가 증가하는 요인입니다.

기존 지인과의 활발한 교류, 새로운 지인과의 잦은 연결이 위챗 공식계정 운영자들이 기대하는 바이럴 마케팅을 가능하게 해 주는 환경을 구축하고 있습니다.

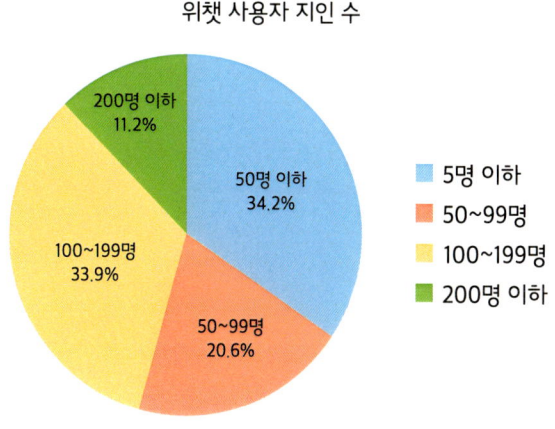

위챗 사용자 지인 수

Section 03 위챗 History

위챗이 출시될 당시의 기능부터 현재(2015년 3월)까지의 업데이트 내용을 보면 위챗의 발전 속도와 잠재력에 대해서 짐작하는 데 도움이 될 것입니다.

위챗은 심천 텐센트 홀딩스유한공사(Tencent Holdings Ltd.)에서 FOX-MAIL, QQ메일을 개발했던 팀원들이 2010년 10월에 프로젝트 기획을 시작하였고, 텐센트 그룹 마화텅 회장이 업무 메일상으로 '웨이신 微信'이라는 명칭을 컨폼하여 탄생하였습니다.

2011년 1월 17일, 북경의 한 문화매체회사에서 위챗 상표 등록 신청을 하여 1월 24일에 등록 완료되었습니다.

2011년 1월 21일, 위챗은 아이폰 이용자들을 대상으로 1.0 테스트 버전을 출시하였고, QQ번호로 지인의 데이터를 불러올 수 있고 통신과 이미지 공유 등의 간단한 기능을 지원하였습니다. 1.1, 1.2, 1.3의 테스트버전에서 고객 모바일 연락처를 불러오고, 텐센트 웨이보와의 연동, 멀티대화기능을 지원하였습니다.

2011년 4월 말, 텐센트 위챗은 4~5백만 명의 회원을 확보하였습니다.

2011년 5월 10일, 위챗은 2.0버전에서 토크박스 같은 보이스 메시지 대화 기능 추가를 통해서 사용자 수를 급속하게 늘려나갔습니다.

2011년 8월, 위챗은 주변 사람 찾기 기능, 모르는 사람 교류 기능을 추가하여 사용자 수가 1,500만 명이 되었고, 2011년 말에는 5,000만 명을 돌파하였습니다.

2011년 10월 1일, 위챗 3.0버전에서 흔들기 기능을 추가하였고, 번체자 언어지원, 홍콩·마카오·대만·미국·일본 5개 지역 사용자의 휴대폰 번호 연동을 지원하였습니다.

2012년 3월, 위챗 사용자 수가 1억 명을 돌파하였습니다.

2012년 4월 19일, 새롭게 출시한 4.0버전에서는 Path와 Instagram과 같은 사진첩 기능을 추가하였고 모멘토에 공유할 수 있도록 하였습니다.

2012년 4월, 텐센트 그룹은 글로벌시장에 대응하기 위해 4.0 영어버전에서 이름을 Wechat으로 변경하였고 이후 다국어를 지원하였습니다.

2012년 7월 19일, 위챗 4.2버전에서 영상채팅 기능을 삽입하고 PC버전을 지원하였습니다.

2012년 9월 5일, 위챗 4.3버전에서 흔들어서 이미지 전달이 가능한 기능을 추가하였고, 이 기능은 PC에 있는 이미지를 모바일로 발송하는 것을 편리하게 하였습니다. 보이스 검색 기능을 추가하였고, 모바일번호와 QQ번호 연동 기능을 지원하여 사용자들의 개인 프라이버시 보호를 더욱 강력하게 하였습니다.

2012년 9월 17일, 위챗 사용자 수가 2억 명을 넘어섰습니다.

2013년 1월 15일, 텐센트 공식 웨이보 채널을 통해서 회원 수 3억 명 돌파 소식을 공지하였고 전 세계에서 다운로드 수 및 사용자 수가 가장 많은 통신 어플리케이션이 되었습니다.

2013년 2월 5일, 위챗의 4.5버전에서는 실시간 대화기능 및 멀티 실시간 대화기능을 추가하였고, 흔들기 기능과 QR코드 기능을 업데이트하였습니다. 또한 채팅기록의 검색, 저장, 이동을 지원하고 음성알림, 상대방 메시지 위치 기반 네비게이션 기능을 추가하였습니다.

2013년 8월 5일, 위챗 ios 5.0버전에서 이모티콘 상점과 게임센터를 추가하였고, 스캔(313이라 불림) 기능의 전면적인 업데이트를 통하여 거리풍경, 바코드, QR코드, 단문번역, 표지 스캔을 지원하였습니다. 8월 9일에는 Android 5.0버전이 출시되었습니다.

2013년 8월 15일, 위챗 글로벌버전(WeChat) 회원 수가 1억 명을 넘었고, 1개월 동안 신규 3,000만 명의 사용자 수가 증가하였습니다.

2013년 10월 13일, IT기술을 모르는 개인 및 기업이 간단한 설정만으로 고급기능들을 사용할 수 있게 지원하였고, 스마트 고객서비스 로봇 기능 및 매장과 고객의 소통을 편리하게 하는 기능을 추가하였습니다.

2013년 10월 19일, 위챗 LBS 이미지 피드백은 오프라인 매장의 위치를 등록한 후, 고객이 주변의 매장을 검색할 때 위치정보와 네비게이션 기능을 사용하도록 하였습니다. 매장에서는 할인권, 스크래치카드 등의 이벤트를 고객에게 노출시킬 수 있게 되었습니다. 이는 중국 O2O마케팅의 본격적인 시작이 되었습니다.

2013년 10월 24일, 텐센트 위챗의 사용자 수가 6억 명을 돌파하였고, 일일 활성 사용자 수가 1억 명에 달하였습니다.

2013년 12월 31일, 위챗 Windows Phone 5.0버전을 출시하였고, 이모티콘 매장, 은행카드 연동, 저장기능, 공유기능을 지원하였습니다.

2014년 1월 4일, 위챗 어플리케이션 내부 기능으로 '디디다처嘀嘀打车'라는 콜택시 기능을 추가하였습니다.

2014년 1월 28일, 위챗 5.2버전으로 업데이트되면서 Android 사용자 화면이 전면적으로 개정되었습니다.

2014년 3월, 위챗 지불 기능이 추가되었습니다. 향후 중국 모바일결제 시장에 커다란 영향을 미치게 되는 계기가 되었다고 볼 수 있습니다.

2014년 3월 24일, 'PC 관지아'와 위챗이 연합하여 채팅기록 백업기능을 지원하였습니다.

2015년 1월 21일, 위챗 앱스토어(App Store)에서 먼저 6.1버전을 출시하였고, 위챗 홍바오 발신 기능, 모바일 교체 후 개인 이모티콘 보호, 모멘트 내용과 주변 식당 정보 보호 기능을 지원하였습니다.

Section 04 위챗 Future

위챗의 미래의 모습이 어떨지에 대해서는 아무도 예측하지 못할 것입니다. 왜냐하면 위챗이라는 미완성 플랫폼이 사용자 각자에게 주는 의미가 다를 것이며 사용자마다 자신만의 위챗을 만들게 되기 때문입니다. 단지 과거와 현재 그리고 미래에도 위챗의 사유방식은 동일할 것입니다. 즉 사용자 중심으로 모든 것과 연결할 것이고 개방과 창의라는 지향점을 유지한다는 것입니다.

중국 사회는 위챗으로 인해 변화될 것입니다. 첫째, 중국사회는 모바일환경으로 전면적인 개편이 이루어질 것입니다. 정보서치, 소셜 활동, 결제 등의 모든 분야에서 위챗이 서비스하는 편리한 기능과 가치가 중국인 생활 깊숙이 자리 잡을 것이기 때문입니다. 둘째, 공무원 조직이 변화될 것입니다. 기존의 중국 각 정부기관이 권위적인 존재였다면 점차 서비스 마인드가 강화된 정부조직으로 변모될 것입니다. 이미 많은 중국 지자체 및 정부기관이 위챗 공식계정 내부 시스템을 활용하여 시민의 편리를 도모하고 있으며 서비스를 단번에 개선하고 있기 때문입니다.

향후 위챗은 미래의 중국인 생활패턴의 변화된 모습으로 이해할 수 있을 것입니다. 위챗이 곧 중국인의 라이프스타일이고, 중국인 라이프스타일이 곧 위챗이 될 것입니다. 위챗은 단순한 하나의 어플리케이션이 아닌 중국인 생활에 스며들어 있는 하나의 유·무형의 존재가 될 것입니다.

위챗은 스마트 도시생활, 스마트 공항, 스마트 여객운송, 스마트 노래방 등 사회 전반에 걸쳐 비교적 낙후되어 있는 중국의 서비스 시스템을 공식계정 플랫폼을 통해 선진국보다 편리적인 측면에서 앞서게 하는 놀라운 프로젝트를 시작하고 있습니다. 새로운 중국의 모습을 기대해 볼 수 있을 것입니다.

위챗의 미래는 밝을 것입니다. 위챗은 더 이상 텐센트라는 하나의 기업의 소유가 아닌 무수히 많은 사용자와 사업자들이 연결되어 있는 하나의 생태계이기 때문입니다. 위챗의 생태계에는 많은 사람들의 땀과 노력 그리고 희망이 들어 있기에 지속적으로 발전하는 모습을 기대해도 좋을 것입니다. 15년 전에 알리바바 그룹이 타오바오라는 최대 B2C 전자 상거래 플랫폼을 오픈하고 시간이 지날수록 완고해지듯이 모바일 기반의 주인공은 위챗이 될 것이라는 것은 어쩌면 누구도 부인할 수 없는 사실일 것입니다.

위챗 사용법

위챗 사용법은 카카오톡을 사용하고 있는 우리에게 조작법이 생소하지는 않습니다. 처음 어플리케이션을 다운받고 실행하면 언어가 중국어로 되어 있지만 언어 설정에서 한국어로 변경이 가능합니다. 중국 지인들과 몇 번 대화를 주고 받아보면 기본적인 모바일 메신저 기능에 대해서 쉽게 마스터할 수 있을 겁니다. 다만 위챗 기능 중에서 카카오톡에는 없는 기능들을 중국인들이 자주 사용하는 경우가 있는데 개념이 잘 이해되지 않거나 조작법을 몰라 헤매는 경우가 있습니다. '백문이 불여일견'이라는 말처럼 낯선 기능의 사용설명을 많이 듣는 것보다 직접 사용해 보는 것이 훨씬 빠르게 사용법을 이해하는 데 도움이 됩니다.

여기에서는 직접 사용해 보면서 참고할 수 있도록 각 기능들에 대한 개념과 내용을 정리하는 방식으로 소개합니다. 다양한 기능을 능숙하게 활용하며 중국 지인들과 위챗으로 소통을 하는 데 도움이 될 수 있기를 바랍니다.

Section 01 위챗 설치

위챗을 사용하기 위해서 우선 어플리케이션을 다운받아야 합니다. 모바일 기종에 따라 앱스토어, 안드로이드마켓 등에서 'weixin', 'wechat', '微信' 중에 하나를 입력하면 조회가 되고 설치를 클릭하면 모바일에 위챗이 깔리게 됩니다.

위챗이 모바일에 설치되면 실행시킨 후 회원가입을 진행합니다. 위챗 사용자 계정은 QQ아이디나 휴대폰 번호로 만들 수 있습니다. 회원가입 순서 안내에 따라 개인 정보를 입력하여 계정생성 완료를 할 수 있습니다. 사용하고 있는 휴대폰 번호로 인증문자를 받고 인증절차만 거치면 회원가입이 완료가 됩니다. 한국 휴대폰 번호로도 인증문자가 수신되니 국가번호(+82)와 휴대폰 번호를 입력하여 진행하면 됩니다.

위챗이 금융과 IT를 연결함으로써 중국 사용자는 위챗을 통해 온라인 구매, 계좌이체, 세금납부 등의 다방면에서 편리한 결제 서비스를 이용하고 있습니다. 사용자의 휴대폰 번호와 은행카드 정보를 연동하여 사용하는 위챗 지갑(wallet) 기능은 휴대폰 번호로 계정을 만든 경우에만 사용이 가능합니다. 따라서 위챗 사용자들은 SNS 채널에서 흔히 발견할 수 있는 허위 계정의 빈도수가 상대적으로 낮습니다.

Section 02 위챗 기능

위챗 채팅 대화창에서 지원하는 기능에는 중국에서 실제로 사용하기에 정말 편리한 것들이 많이 있습니다. 필자 역시 위챗이 사용자에게 편리를 제공하기 위해 많은 관찰과 고민을 했을 것이며 사용자 중심이라는 운영 마인드가 전달되는 느낌을 받았습니다.

최근에 중국에서 사용한 것 중에 인상 깊었던 기능은 location 기능이었습니다. 중국 지인과 도로변의 어느 장소에서 만나기로 했는데 차량이 정차하지 못하는 구역이었습니다. 중국 지인은 약속한 장소에서 50m 가량 떨어진 곳에 정차를 한 후 위챗 location 기능을 활성화하여 저에게 자신의 위치를 알려 주었습니다. 찾아가는 길이 다소 어려웠는데 마침 무전기 기능을 사용할 수 있다는 것을 발견하였습니다. 지도를 보면서 무전기로 주변 건물 확인을 중국 지인에게 실시간으로 알려줄 수 있었는데 굉장히 놀랐습니다.

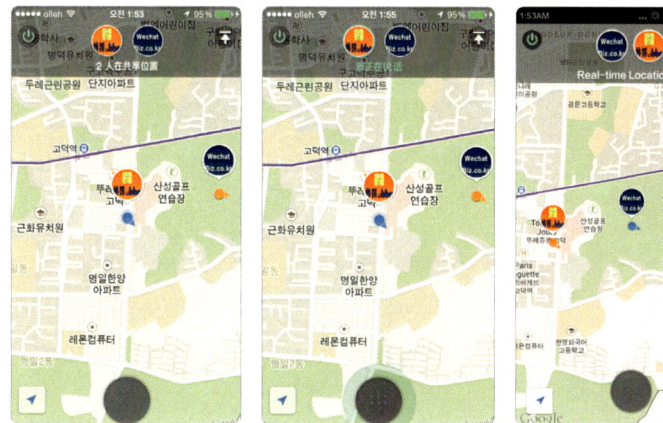

location 기능을 활성화하면 상대방과 자신의 위치를 공유할 수 있고 움직이는 방향을 확인할 수 있음. 하단 중앙에 있는 동그라미를 누르고 있으면 상대방과 무전할 수 있는 워키토키 기능을 지원함.

위챗 채팅 대화창은 보이스 메시지와 텍스트 타이핑, 이모티콘, 기타 기능으로 구성되어 있습니다. 보이스 메시지는 위챗의 사용자를 폭발적으로 증가시킨 기능으로서 중국어 텍스트 입력 방식의 복잡함을 해결한 것입니다. 우리는 카카오톡을 사용하면서 텍스트를 타이핑하는 것이 익숙하지만, 중국인들은 위챗의 보이스 메시지를 사용하는 것이 더 익숙하고 편리하다고 느낍니다.

기타 기능에는 Images, Sight, Free Sticker, Lucky Money, Transfer, Favorites, Location, Video Call, Name Card, Walkie Talkie, Card Pack 이렇게 11개가 있습니다.

기능 중국어명칭	기능 영어명칭	기능소개
图片	Images	모바일 내부 이미지를 선택할 수도 있고, 카메라 기능을 활성화하여 사진을 찍어서 전송 가능함.
小视频	Sight	즉각적인 짧은 영상을 촬영하여 보낼 때 사용함. 영상 변환작업이 없이 촬영된 영상을 다이렉트로 전송됨.
免费表情	Free Sticker	30가지 이상의 무료 스티커를 다운받아 사용할 수 있음. 스티커 디자인의 퀄리티가 높으며, 중국 위챗 사용자들은 제2의 언어로 인지할 정도로 대화창에서 의사표현을 할 때 많이 사용함.
红包	Lucky Money	축의금, 세뱃돈 등의 지인의 경사스러운 일이 있을 때 돈을 보낼 수 있는 기능임. 행운의 돈을 받은 사람은 보관하여 다른 지인에게 보낼 수도 있고 현금화하여 인출도 가능함. 위챗의 계좌이체 기능과 유사하나 중국인의 오래된 습관에 접목되면서 아날로그 문화에서 디지털 문화로 변화된 계기가 됨.
转账	Transfer	계좌이체 기능임. 위챗 사용자는 8억 명, 그중 은행카드와 연동을 한 사용자가 3억 명임. 위챗 내 계좌이체 기능을 매우 편리하게 느끼기 때문에 향후 지속적인 사용자 수 증가와 이체금액 규모증가가 예측됨.
我的收藏	Favorites	대화창 내의 콘텐츠나 모멘트 내의 콘텐츠를 즐겨찾기로 저장할 수 있고, 지인에게 전송할 수도 있음.
位置	Location	나의 위치를 공유하여 상대방이 지도에서 나의 위치를 확인하고, 방향 화살표 기능으로 길 안내를 받을 수 있음. 단순 위치를 공유하는 것뿐만 아니라 상대방과 나의 실시간 위치를 공유하여 지도 위에서 서로의 위치를 확인할 수 있음. 대화가 필요할 경우 무전기 기능을 활성화하여 지도의 위치를 확인하면서 대화할 수 있음.

중국어명칭	영어명칭	기능소개
视频聊天	Video Call	페이스타임과 같은 화상채팅 기능
名片	Name Card	지인 위챗 계정을 명함 형태로 상대방에게 공유할 수 있으며 상대방은 전송받은 명함을 클릭하고 팔로우를 할 수 있음.
实时对讲机	Walkie Talkie	실시간 무전기 기능으로 1:1 또는 멀티 기능을 지원함.
卡券	Card Pack	특정 위챗 공식계정에서 쿠폰 등을 다운받거나 받은 쿠폰 리스트를 확인할 수 있고 사용할 수 있음.

Discover(발견) 메뉴는 Moments, Scan QR Code, Shake, People Nearby, Games 이렇게 5가지 기능으로 구분되어 있습니다.

중국어명칭	영어명칭	기능소개
朋友圈	Moments	페이스북의 타임라인과 유사한 기능으로 지인들이 업로드한 텍스트, 이미지, 영상 등의 콘텐츠를 볼 수 있음.
扫一扫	Scan QR Code	QR코드와 바코드를 인식하는, 위챗의 O2O를 실현하는 핵심 기능임. 계정추가, 결제, 정보 인식 등의 기능을 함.
摇一摇	Shake	흔들기 기능으로서, 동시에 흔든 누군가를 연결·소개해 줌. 홍바오, 공연장에서 관람객 참여 등의 이벤트를 진행할 때 공식계정에서 흔들기 기능을 주로 이용함.
附近的人	People Nearby	부근의 위챗 계정 사용자 리스트를 불러와서 지인 추가를 할 수 있는 기능
购物	-	위챗 자체 운영 쇼핑몰
游戏	Games	위챗 게임 센터

Section 03 위챗 wallet

　위챗 지갑(wallet)은 텐센트의 결제시스템인 텐페이(Tenpay)의 기술을 기반으로 서비스하고 있는 기능으로서, 중국에서 알리페이와 함께 양대 모바일지갑 시장을 선도하고 있습니다.

　위챗 지갑 기능을 사용하기 위해서 자신의 은행카드(신용카드, 직불카드)를 위챗과 연동해야 합니다.

　위챗에 은행카드를 연동하기 위해서 중국의 은행계좌가 있어야 합니다. 소유하고 있는 은행카드를 위챗에 연동하면 일상생활에서 필요한 소액결제 대부분을 모바일로 편리하게 결제할 수 있게 됩니다. 우리나라는 현금을 대체하여 카드 사용이 보편화되어 있는 반면에 중국 사람들은 현금 휴대 없이 모바일에 있는 위챗 어플리케이션 하나로 일상생활이 가능하게 되었습니다. 중국은 카드시장을 건너뛰고 현금시장에서 바로 모바일결제시장으로 넘어 간 케이스기 때문에 모바일결제를 지원하는 사업자나 사용자 모두 적응도가 우리나라보다 훨씬 높습니다.

:::: 위챗 지갑 부가 서비스 소개

위챗 지갑 메뉴에는 텐센트의 여러 서비스 상품들이 있습니다.

명칭	서비스	기능소개
转账 Transfer	계좌이체	온라인계좌이체, 오프라인 QR코드 스캔 방식 계좌이체
刷卡 Quick Pay	스캔 결제	고유 QR코드와 바코드가 생성되어 위챗과 연동된 자신의 은행카드의 결제를 지원하는 서비스
钱包 Wallet	은행카드 연동	자신의 명의로 만들어진 은행카드를 위챗과 연동하여 모바일결제를 할 수 있도록 함.
手机话费充值	휴대폰 통신료 충전	휴대폰 선불카드 충전
理财通	재테크	재테크 관리 서비스
彩票	복권	복권 이용 서비스
滴滴打车	'디디다처'(콜택시)	위챗 콜택시 서비스
美丽说	'메이리슈어'(의류 위주 쇼핑몰)	패션 쇼핑몰
京东精选	'징동'(포털 쇼핑몰)	쇼핑몰
Q币充值	게임머니 충전	게임머니 충전 서비스
微信红包	위챗 홍바오	홍바오 관리 서비스
吃喝玩乐	'다중디엔핑' (소셜커머스)	푸드, 여가활동티켓 온라인 구매 서비스
信用卡还款	신용카드 사용액 상환	신용카드 상환 서비스
腾讯公益	텐센트 공익활동	텐센트 공익활동 참여
电影票	영화표	영화표 구매

AA收款	AA 더치페이	더치페이 서비스
机票火车票	항공티켓, 기차표	항공티켓, 기차표 구매
城市服务	도시생활	도시생활 서비스

Section 04 위챗 홍바오

2014년 말부터 2015년 초까지 중국 바이두 검색포털의 가장 핫한 이슈 키워드는 '红包(홍바오, hong bao)'였습니다. 홍바오 전쟁, 홍바오 축제라고 불릴 정도로 중국에서 신문화가 탄생한 것입니다.

'홍바오'는 빨간(붉은) 봉투라는 뜻으로써 중국에서 세뱃돈, 축의금, 뒷돈, 상여금, 보너스, 용돈, 뇌물 등의 다양한 의미를 가지고 있습니다.

홍바오는 중국문화와 중국인을 알기 위해서 필수적으로 이해해야 하는 중국 문화입니다. 연말연시에 중국 사람들은 친척, 지인들에게 빨간 봉투에 성의를 담아 전달하는 풍습을 가지고 있습니다. 우리가 흰 봉투에 세뱃돈을 넣어 주는 것과 가지는 의미는 유사하다고 볼 수 있습니다. 빨간색을 좋아하는 중국인은 빨간 봉투를 사용하고, 백의민족인 우리나라는 흰색 봉투를 사용하는 차이라고 할 수도 있습니다.

중국 사람들에게 홍바오 풍습은 계속 있었던 것인데, 2014년도에 특별히 주목을 받은 이유가 무엇일까요? 사람과 사람이 직접 만나서 전달되었던 홍바오 문화가 위챗으로 인해 모바일을 통해서 편리하게 발송하는 방식으로 진화되었기 때문입니다.

도시에 거주하는 현대 중국인들은 지인들을 한 명, 한 명 찾아간다는 것이 예전만큼 쉽지 않은 시대에 살고 있기 때문에 모바일로 간편하게 홍바오를 전달할 수 있다는 것은 중국인들에게 현실적인 대안으로 받아들여졌습니다. 더욱이 홍바오는 젊은 층을 위주로 하나의 재미가 가미된 오락으로 생각되어 매우 빠르게 확산되었습니다.

2015년 2월 18일, 춘절 전날 하루 동안 위챗 홍바오를 발송 및 수신한 건수가 10억 1천만 건을 돌파하였습니다.

:::: 위챗 홍바오 발송 방법

 →  →

1. 홍바오 메뉴 클릭 → 2. 금액, 메시지 입력 → 3. 위챗월렛 비밀번호
6자리 입력 후 발송완료

:::: 위챗 홍바오 수신 단계

 →  →

1. 받는 사람 채팅창에 알림 → 2. 홍바오 열기 → 3. 금액 확인
(위챗월렛에 보관 또는
지인에게 발송 가능)

PART 01 위챗이란 무엇인가   61

Section 05 위챗 PC

위챗도 카카오톡처럼 PC버전이 있습니다. PC버전 접속 URL(https://wx.qq.com/) 사이트 페이지를 들어가면 QR코드 스캔 한 번으로 PC와 모바일이 연동됩니다.

::::: 위챗 PC사용 연결 방법

wx.qq.com 사이트

위챗 모바일 스캔기능으로 스캔

위챗 모바일 & PC 연결 컨폼

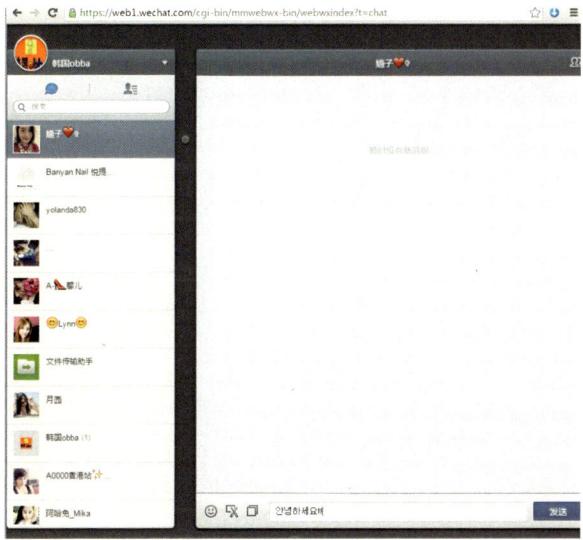

위챗 PC화면

PART 01 위챗이란 무엇인가

Chapter 03

위챗 HOT ISSUE

요즘 중국인은 예외 없이 위챗과 같이 생활하고 있습니다. 아침부터 밤까지 위챗은 중국인에게 없어서는 안 될 존재가 되었고 위챗이 만드는 세상에 대해서 놀라고 있습니다. 모바일 기반의 인터넷과 기술의 진보는 중국인들에게 새로운 경험을 할 수 있도록 하고 있으며 다양한 시도를 가능하게 해 줍니다. 위챗의 많은 혁신적인 서비스는 사회 이슈가 되고 있으며 대부분은 중국인들에게 긍정적인 평가를 받고 있습니다. 사용자 중심이라는 위챗 운영철학이 기존의 불편했던 부분을 개선하는 역할을 하고 있기 때문입니다. 위챗이 만드는 사회 이슈는 처음에는 새로움에 대한 호기심과 사용자들의 기대를 반영하고 있다면 시간이 지남에 따라 점차 중국들에게 자연스런 생활의 한 부분으로 자리 잡고 있습니다.

Section 01 2015년 춘절, 위챗 홍바오가 중국 전역을 흔들다

위챗 홍바오는 텐센트가 2014년 1월 27일에 출시한 위챗 공식 서비스로 홍바오 발송, 내역확인, 현금인출 기능을 가지고 있습니다.

2015년 춘절기간 동안 위챗 홍바오는 대부분의 중국인 밥상에서 화젯거리가 될 정도로 폭발적인 인기몰이를 하였습니다. 2015년 2월 18일, 춘절(설날) 바로 전날에 위챗 홍바오 수신/발신 건수가 10억 1천만 건을 달성했고, 18일 저녁 8시에서 자정 12시 48분까지 위챗 홍바오 흔들기 이벤트 이용 수가 110억 건을 돌파하였습니다. 중국인들의 대대적인 참여가 일어난 놀라운 사건으로 볼 수 있습니다. 자발적인 참여가 가능했던 요인으로는 '편리'와 '혜택'을 꼽을 수 있습니다. 기존의 홍바오 문화가 아날로그적인 요소였다면 현대 중국인에게 좀 더 편리하고 적합한 디지털적인 요소가 제공되었기 때문입니다. 또한 춘절이라는 새해를 시작하는 명절 기간 동안 좋은 일이 일어나기를 바라는 중국인들에게 이벤트 참여는 그들의 희망을 대변하는 의미로도 작용했을 것입니다.

텐센트 위챗에서 기획한 위챗 홍바오 흔들기는 춘절 기간에 홍바오 흔들기 기능을 통해서 당첨된 사람들에게 최대 4999위안(100만 원 정도)을 받을 수 있도록 한 이벤트였고, 중국 전역을 흔들 정도로 굉장한 이슈거리가 되었습니다. 국내외 많은 언론매체에서 기사로 다루었고 검색포털 순위에도 1위를 하는 등 2015년 춘절 홍바오는 중국인들에게 잊지 못할 하나의 축제가 되었습니다.

Section 02 위챗, 스마트 중국을 건설하다

∷∷ **스마트 공항**: 후난공항그룹과 위챗이 만드는 인터넷 기반 공항 클러스터 프로젝트

2015년 4월 8일, 후난공항그룹과 텐센트가 위챗 기반 스마트 공항 구축 프로젝트 진행을 정식으로 체결하였습니다. 후난공항 계열의 6개 공항에서 통일적으로 위챗 공식계정을 도입하기로 한 것입니다.

스마트 공항 프로젝트의 핵심 내용은 승객들이 공항 위챗 공식계정을 팔로우 하면 공식계정으로 티켓 팅, 검열, 짐 붙이는 것 등의 모든 과정의 서비스를 받을 수 있다는 것입니다. 공항에서 목적지까지 도착하는 전 프로세스를 위챗 공식계정을 통해서 스마트한 서비스를 제공합니다.

크게 조회 업무, 고객서비스 업무, 회원관리 업무, 소비 업무 등이 될 것입니다.

기존 후난공항그룹의 6개 공항은 항상 인산인해로 공항다운 서비스를 하기 힘들었습니다. 2015년 춘절을 기점으로 후난공항은 부분적으로 위챗 공중계정을 활용한 표 검사, 공항 부근 교통정보 및 날씨 정보 등을 제공하였고 서비스의 병목현상이 해결되면서 승객들에게 퀄리티 높은 서비스를 제공할 수 있었습니다.

위챗공식계정의 가능성과 잠재력을 확인한 후난공항그룹은 위챗 공식계정으로 모든 공항 업무를 세팅 할 것을 결심하였고 공식 업무

협약 체결식에서 항공편 조회, 날씨 조회, 교통정보 조회, 매장정보 조회 및 위챗 카드로 입국심사, 위챗 티켓 프린팅, 와이파이 연결, 보이스 고객응대, 분실물 처리, 공항버스 예약, vip고객응대 등의 고객만족 서비스 일체를 위챗 공식계정으로 실현시킬 것이라고 발표하였습니다.

이번 프로젝트는 중국 공항이 어떻게 스마트하게 변모될 것인가, 라는 사회적인 이슈가 되고 있으며 대부분 시민 생활 서비스와 갈수록 가까워지는 위챗에 긍정적인 기대 및 평가를 하고 있습니다.

일반적으로 큰 규모의 사업체는 자신의 플랫폼을 가지려고 노력하였고, 불과 1~2년 전까지만 해도 플랫폼 비즈니스가 사회적으로 각광받기도 했습니다. 하지만 위챗 공식계정이라는 이미 하나의 생태계가 되어버린 현 시점에서는 위챗이라는 미완성 플랫폼에 스스로의 무기를 장착하여 새로운 완성된 플랫폼으로 만드는 과정이 중요할 것입니다.

::::: 스마트 도시생활: 상해시, 위챗 스마트 도시를 완성하다

위챗은 서민 밀착형 서비스 본연의 가치를 가장 잘 표현하기 위해서 도시생활을 하는 현대 중국인의 삶의 편의서비스를 시작하였습니다. 위챗 지갑 메뉴 안에 '도시서비스'라는 메뉴를 넣어서 거주하고 있는 도시의 각종 행정업무 및 납부 서비스를 할 수 있도록 한 것입니다. 위챗이 첫 타깃으로 선정한 도시는 상해이며 상해가 스마트한 도시로 변모되는 사례를 통해서 타 지역으로 확대될 것으로 보입니다.

2015년 전국인민대표대회에서 시진평 주석이 중국의 행정조직이 기존 권력형이 아닌 서비스형으로 탈바꿈해야 한다고 언급했듯이 기존의 중국의 행정기관은 서민들에게 친근하거나 편의를 제공해 주는 존재가 아니었습니다. 상당히 낙후되어 있는 그들의 서비스 마인드는 바쁜 현대 도시 거주자에게는 꼭 개선되어야 할 부분이었습니다.

위챗 지갑 메뉴에 있는 '도시 서비스'를 통해서 총 14가지의 시민행정서비스 업무를 처리할 수 있습니다.

① 병원예약
② 전기비 납부
③ 수도비 납부
④ 도시가스비 납부
⑤ 홍콩 통행증 신청
⑥ 여권신청 업무
⑦ 대만 통행증 신청
⑧ 운전면허 벌점 확인
⑨ 위반내역 확인
⑩ 운전면허 예약
⑪ 상해 날씨 정보
⑫ 도서관 조회
⑬ 부동산 세금 납부
⑭ 세금계산서 관리

상기 업무들을 처리할 수 있는 하나의 채널이 있다는 것은 우리에게도 벤치마킹 대상일 것입니다.

∷∷ **스마트 여객 터미널**: 표 예매부터 구매, 버스 승차까지 일련의 과정을 편리하게 만들다

중국에서 시외버스를 타 보신 분은 너무 많은 이용객 대비 낙후된 서비스로 인해 진이 빠질 정도로 힘든 경험을 하셨을 겁니다. 위챗은 이런 문제점을 해결하기 위해 위챗 공식계정을 이용하여 스마트한 여객운송 환경을 구축하였습니다.

기존에 표 예매나 구매를 할 때 대기줄이 상당히 길었고 매표소 직원과 이야기하는 시간도 너무 짧다 보니 표 구매 자체가 긴장될 수밖에 없었습니다.

여객 터미널에서는 매표소 직원 창구에서 처리할 수 있는 업무량의 한계로 인해 자동발급기를 설치해 봤지만 설비 투자 자체의 부담으로 인해 확대하기가 힘들었습니다. 터미널 내에서의 긴급 공지사항이나 안내 사항을 알리는 것도 어려운 상황이었습니다.

이런 문제들을 해결하기 위해서 위챗은 이렇게 말합니다.

"기다리지 마세요. QR코드만 스캔하시면 됩니다."

위챗 버스터미널 공식계정에서 버스 운항 정보 및 가격정보를 알 수 있고 예매 및 구매를 동시에 할 수 있도록 하였습니다. 터미널에 도착해서 사전 구매했던 내역의 바코드를 스캔만 하면 승차단계까지

일사천리로 진행할 수 있게 되었습니다.

또한 승객 관리 시스템도 연동하여 학생이나 회사원 등의 특정 승객을 위한 할인 적용하고, 승객 문의 사항 응대 역시 위챗 공식계정 플랫폼을 통해서 서비스할 수 있게 되었습니다.

기존에 각종 사이트나 어플리케이션을 통해서 서비스했던 것을 위챗 공식계정 하나만으로 해결할 수 있게 함으로써 승객이 느끼는 만족도는 상당히 높아졌습니다.

:::: **스마트 노래방**: 국민 여가생활의 선두주자, 노래방을 위챗 공식계정으로 스마트하게 이용하자

중국 노래방 사업자들은 노래방 자체가 오프라인 영업/홍보/관리에 적응되어 있는 시스템이었는데, 모바일 시대로 진입하면서 변화가 필요하다는 것을 느끼기 시작했습니다. 고객 중심, 고객 편리를 우선으로 하는 위챗의 사고방식과 노래방 사업자들은 기존의 오프라인 시스템의 한계를 해결하기 위해서 스마트 노래방을 함께 구축하였습니다.

① 노래방 비용을 위챗 결제로 바꾸자!

기존에는 노래방비 정산을 하기 위해서 사람들이 프런트에 순간적으로 몰리는 병목현상이 있었습니다. 고객들은 자신의 차례가 올 때까지 로비에서 기다리는 불편함을 참아야 했습니다. 위챗은 노래방

화면에 QR코드를 설치하여 고객이 직접 위챗으로 스캔하는 셀프 정산 시스템을 도입하였습니다.

② 방 예약을 위챗 공식계정에서 하자!
"저기요, 방 있나요?" "지금 방이 꽉 찼어요~"
다들 이런 경험이 한 번쯤은 있으실 겁니다.
노래방을 이용하기 전에 위챗 공식계정에서 방 예약이 가능한지 먼저 확인하고, 방이 있다면 예약을 진행하고 예약금을 결제할 수 있게 하면서 한층 편리한 노래방 이용이 시작되었습니다.

③ 예약한 방으로 다이렉트 GO!
예약한 노래방에 가서 방을 선정받기 위해 대기할 필요 없이 예약한 방 종류에 따라 방 번호를 지정해서 바로 들어갈 수 있습니다.

④ 노래 선곡도 위챗 공식계정으로!
노래방 내 비치된 종이 선곡책과 기기를 사용하여 노래를 찾고 예약하던 기존의 방식을 벗어나 고객의 스마트폰으로 선곡을 할 수 있게 되었습니다. 방에 들어가서 위챗 공식계정과 방 번호를 연동하면 노래 검색 및 시작 버튼을 클릭할 수 있습니다. 깜깜한 방 안에서 깨알만 한 글씨를 볼 필요 없이 노래를 선곡할 수 있게 된 것입니다.

⑤ 노래방에서 새로운 경험을 하자!
노래방 이용 목적이 단순 노래 연습인 경우보다 지인의 생일 등과

같은 축하할 일이 있는 경우가 많을 것입니다. 위챗 공식계정의 노래 검색 메뉴에는 지인에게 기프티콘을 보낼 수 있는 기능이 있고 보낸 기프티콘은 "○○아, 생일 축하해."라는 메시지와 함께 노래방 큰 화면에 표시됩니다. 받은 기프티콘은 노래방에서 실제 케이크로도 바꿀 수 있습니다.

⑥ 노래방 고객도 재방문 고객으로 관리하자!

방문했던 고객에게 현금상품권을 위챗 공식계정으로 보내 줍니다. 현금상품권은 위챗 카드 지갑에 저장되고 지인에게 전달도 가능합니다.

노래방에서 불렀던 자신의 노래실력을 등급화하여 노래방 위챗 공식계정을 팔로우한 사람들과 비교를 해 볼 수 있는 게임요소를 적용하였습니다. 마치 애니팡에서 나의 순위가 나오고 지인들에게 "나 이 정도야"라고 공유를 하는 것처럼 말입니다. 노래방 사업자는 고객들의 이러한 참여 활동을 통해서 자연스레 브랜드 홍보를 할 수 있게 되었습니다.

또한 노래방에 방문한 고객에게 위챗 콜택시 서비스인 '디디다처'의 현금상품권을 고객 위챗으로 발송하여 고객만족도를 한층 더 높일 수 있는 기회가 되었습니다.

PART 02
위챗 공식계정이란 무엇인가

위챗 마케팅을 고려하는 한국 회사들이 꼭 알아야 하는 개념이 위챗 공식계정입니다.

"위챗은 단순한 모바일메신저 채팅 수단이 아니다!"라는 말은 위챗이 기업마케팅을 위한 플랫폼이라는 의미도 가지고 있기 때문입니다. 중국어로 微信公众平台(위챗공중플랫폼, 위챗공식플랫폼)은 위챗의 한 서비스로서, 오픈 API를 개방하여 다양한 창의적인 개발상품들이 위챗 공식 플랫폼과 연동되어 위챗 사용자들에게 소개될 수 있도록 하고 있습니다. 위챗 공식 플랫폼은 微信公众号(위챗공중번호) 또는 微信公众账号(위챗공중계정), 영어명칭으로 wechat offical account(위챗 공식계정)라 불리는 계정을 먼저 신청·등록한 이후에 사용가능하며 계정의 종류는 신청자의 활용도에 따라 구독형 계정, 서비스 계정, 기업형 계정으로 선택 신청할 수 있습니다.

텐센트 위챗은 기업/기관/유명인 등의 사용 주체들이 위챗 공식계정 플랫폼을 통해서 매체활동 혹은 상품판매 등의 상업적인 용도로 사용할 수 있도록 하며, 기업 내 CRM 같은 시스템을 위챗을 통해서 큰 투자비용 없이 구축할 수 있도록 상업적 가치를 제공하고 있습니다. 위챗 공식계정 플랫폼은 계정이 생성 된 후 기본적으로 제공하는 편집버전이 있고, 오픈 API로 개발한 개발버전으로 나눌 수 있습니다. 계정 종류와 인증여부에 따라서 기능 사용 권한의 차이가 있지만 일반적으로 편집버전에서는 콘텐츠 편집 및 단체발송, 자동회신 설정, 통계기능, 쇼핑몰 등의 기본적인 기능을 조작할 수 있으며 모바일웹, 회원카드, 고급 쇼핑몰, 이벤트 기능 등의 다양한 형태의 고객 소통을 보조하는 기능들은 별도 개발한 개발버전에서 조작할 수 있습니다.

위챗 공식계정을 활용한 기업 마케팅이 기존의 SNS와 다른 의미를 가지는 것은 중국의 트위터, 페이스북이라 불리는 '웨이보'처럼 불특정 다수에게 홍보를 함으로써 상대적으로 전환율이 낮았던 것과 달리 1:1 고객 소통을 근간으로 정밀마케팅을 할 수 있다는 것입니다. 따라서 위챗 공식계정을 활용한 기업마케팅의 접근방법은 단순 팔로우 수의 증가를 통해 홍보 콘텐츠 확산을 하기 위한 목적이 아닌 일종의 고객 관리 및 고객 서비스적인 측면으로 접근하여 자사의 상품 및 브랜드의 충성도를 높이는 전략을 가져야 합니다. 이러한 접근방식의 차이를 이해해야 위챗 공식계정을 성공적으로 운영할 수 있으며 고객중심, 고객서비스 마인드의 노력이 사용자들에게 전달되었을 때, 팔로우들은 적극적인 공유와 바이럴을 통해 그물망처럼 팔로우를 불러오게 됩니다.

앞에서 언급했듯이 위챗 공식계정 플랫폼은 중국의 O2O 마케팅 시장을 개척하였습니다. 2013년 6월에 텐센트 위챗은 LBS(위치기반) 기능을 추가하였고, 오프라인 매장의 위치와 정보를 위챗을 통해 모바일로 확인할 수 있게 하였습니다. 사용자의 모바일 위챗과 오프라인 매장이 연결된 계기가 된 것입니다. 오프라인 매장에서는 위챗 공식계정을 생성하여 오프라인에서 제공하는 서비스를 고객들이 모바일에서도 이용할 수 있도록 하고 있습니다. O2O 마케팅의 시작은 불과 2년 만에 단순 정보 방면의 연동뿐만 아니라 결제분야에서 더욱 활발하게 적용되어 중국 소비자들의 소비패턴의 편리성을 제고시킨 혁신적인 의미를 가지고 있습니다.

위챗 공식계정

위챗 공식계정은 기업의 고객관리 시스템과 마케팅채널로 활용할 수 있는 공식플랫폼의 계정입니다. 카카오톡 플러스 친구나 옐로아이디처럼 많은 사용자 수를 보유하고 있는 채널에서 홍보활동을 하는 의미는 유사하다고 볼 수 있으나 좀 더 유연하고 창의적인 활동을 할 수 있는 차이점이 있습니다.

중국에서 이미 기업/유명인/기관 중심으로 800만 개의 위챗 공식계정이 운영되고 있으며, 매일 3천 개씩 새로운 공식계정이 신청되고 있습니다. 공식계정 운영주체의 필요성에 따라 한 기업에서 여러 개의 공식계정을 운영 할 수도 있습니다. 여러 형태의 공식계정이 존재하는데 이는 운영 주체의 목적성과 콘셉트 그리고 고객에게 제공하는 서비스의 내용에 따라서 창의적으로 기능 구축을 할 수 있기 때문입니다.

위챗 사용자들은 위챗 공식계정이 단순 기업홍보 페이지로 인식하지 않으며 자신이 필요한 정보를 검색하고 획득할 수 있는 모바일 기반의 검색포털의 의미를 가지고 있습니다. 또한 공식계정 운영주체가 제공하는 편리한 서비스와 혜택제공을 받기 위한 목적성을 가집니다. 결국 기업에게 가지는 공식계정의 가치는 광고영역이 아닌 고객과 소통하고 새로운 고객을 창출해낼 수 있는 기회라는 측면입니다. 고객에게 필요한, 고객이 좋아하는 공식계정을 운영할 수 있다면 어떠한 광고채널보다 높은 효과를 거둘 수 있을 겁니다.

Section 01 공식계정 사용 현황

위챗 공식계정은 기업/정부/기관/유명인을 위주로 운영되고 있으며 주로 그들의 매체활동이나 판매활동 그리고 고객관리서비스로 활용하고 있습니다. 위챗 사용자들은 이러한 운영주체의 공식계정을 통해서 다양한 니즈를 충족하고 있으며 활발하게 소통하고 공유합니다.

공식계정은 상대방이 팔로우하기 전에는 먼저 팔로우 신청을 할 수 없기 때문에 위챗 사용자들에게 꼭 필요한 콘텐츠 및 서비스가 있는 계정이어야 합니다. 비교적 폐쇄적인 특징을 가지고 있는 이유는 사용자들의 프라이버시를 존중하고 보호하기 위한 목적입니다. 사용자들이 스스로 필요하다고 느끼거나 가치가 있다고 생각이 드는 경우에는 분명히 여러 루트를 통해서 팔로우를 할 수 있습니다. 또한 자발적인 지인 공유를 하기도 합니다.

위챗 사용자들이 어떠한 공식계정을 팔로우하고 있으며 주요 목적은 무엇인지를 살펴보면서 위챗 사용자들을 타깃으로 하는 운영주체에서 공식계정 운영 콘셉트를 기획하는 데 참조하기 바랍니다.

::::: 위챗 공식계정 팔로우 현황

　8억 명의 위챗 사용자 중에서 80%가 공식계정을 팔로우하고 있습니다. 이는 공식계정을 단순 광고용 계정으로 인지하는 것이 아닌 자신들에게 필요한 서비스로 인식하기 때문입니다. 20% 미만의 사용자들이 기업계정을 팔로우하고 있는 것은 상당히 고무적인 현상이라고 볼 수 있으며 기업과 사용자들이 소통하는 채널의 의미를 가진다고 볼 수 있습니다. 73.4%의 사용자들이 주로 기업이나 매체의 계정을 팔로우하고 있는 것은 기업서비스와 매체정보에 대한 니즈가 큰 것으로 해석할 수 있습니다.

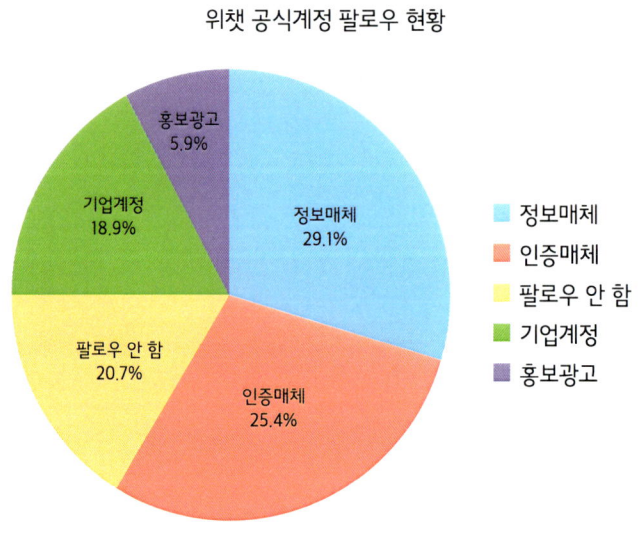
위챗 공식계정 팔로우 현황

::::: 위챗 공식계정 팔로우 목적

모바일 기반 검색포털의 기능이 위챗에서 점차적으로 이루어지는 현상이 생기면서 위챗 사용자들은 정보가 많은 공식계정을 활용하여 필요한 정보서치를 하고 있는 것을 볼 수 있습니다. 또한 공식계정을 통해서 실현하고자 하는 니즈는 편리서비스와 정보서치이며 목적성의 78%를 차지하고 있습니다.

공식계정 운영주체는 콘텐츠와 기능을 구축할 때 위챗 사용자들의 니즈에 부합하도록 기획할 필요성이 있습니다.

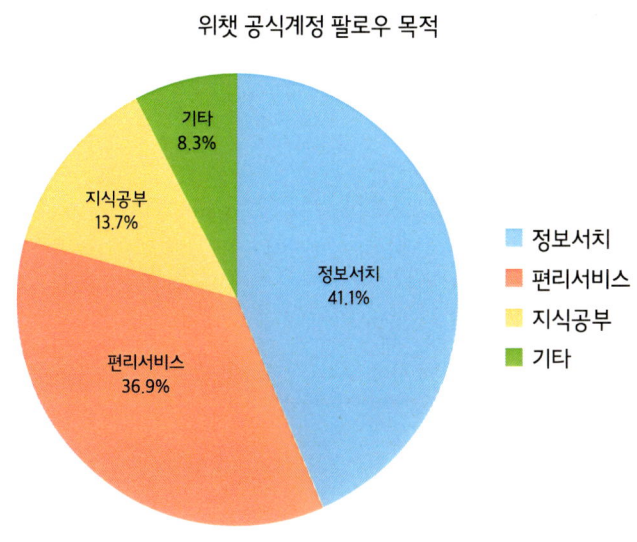

위챗 공식계정 팔로우 목적

Section 02 공식계정의 가치

　필자가 본 위챗 공식계정의 가치를 4가지로 설명하겠습니다.

　첫째, 'PULL마케팅'입니다. 중국 마케팅 업계에서 다년간 종사한 분이 어려움을 호소했습니다. 그분의 고민은 광고주가 원하는 것이 어떤 홍보를 했느냐가 아닌 고객전환이 얼마나 이루어졌는지에 대한 결과인데 그동안 진행해 온 것들은 항상 홍보한 채널에 대해서만 언급할 수 밖에 없는 상황이라는 겁니다. 왜냐하면 기존의 마케팅 채널들은 대부분 고객에게 좋은 정보, 유익한 혜택 등을 PUSH하는 기능을 하는 것이었고 결과물로 UV(방문자 수)를 확보하는 것이 일반적이기 때문입니다. 이러한 PUSH 행위는 사실 상대방을 사람으로 인지하지 못하고 문자수신 대상, 이메일수신 대상 등의 하나의 대상물로 인지합니다. 어떠한 집단을 타깃으로 하는 PUSH마케팅도 마찬가지로 대상자가 사람이 아닌 집단이 대상이 됩니다. 예를 들어 상해 거주 여성 회사원 집단, 북경 소재 자동차 소유주 집단, 조상은행의 은행카드 소유자 집단처럼 특정 타깃의 대상자가 존재합니다. 하지만 이러한 PUSH마케팅은 고객과 소통하기 어렵습니다. 상호커뮤니케이션을 통해서 고객의 니즈를 파악하고 고객을 만족시킬 수 있는 것은 PUSH가 아닌 PULL방식에서 가능하며 위챗 공식계정이 고객을 대상이 아닌 사람으로 인지할 수 있도록 하는 부분에서 그 가치가 높다고 볼 수 있습니다.

　둘째, '정밀마케팅'입니다. 마케팅의 효율을 높이기 위해서는 타깃

고객을 분류하고 선정하는 역할이 중요합니다. 전달하려는 정보에 관심이 없거나 관련이 없는 사람들에게 스팸 형태의 메시지를 지속적으로 발송한다면 분명 고객 충성도가 떨어질 것입니다. 위챗 공식계정에서는 고객을 분류할 수 있도록 하고 있으며 고객관리기능을 지원하여 정밀마케팅을 할 수 있도록 합니다.

셋째, '비용절감'입니다. 기업에서 자체 CRM시스템이나, 모바일웹 구축, 쇼핑몰 구축, 회원카드시스템 구축 등을 한다고 했을 때 투자해야 할 비용이 적지 않습니다. 이미 사용자들은 고급기능에 익숙하고 복합적인 시스템 연동의 편리를 느끼고 있는 실정에서 모든 개발기능과 솔루션들을 구축한다는 것이 어쩌면 비효율적일 수도 있으며 부담이 큽니다. 위챗 공식계정은 기본적으로 CRM시스템과 쇼핑몰 기능, 통계관리기능 등을 무료로 서비스하고 있습니다. 추가적인 개발기능이 필요한 경우에는 이미 많은 서드파티 개발사들이 개발해 놓은 다양한 템플릿을 활용하여 효과적인 예산집행을 하는 데 도움을 받을 수 있습니다.

넷째, 'O2O마케팅 실현'입니다. 전 세계 마케팅 업계의 화두가 O2O 마케팅이지만 실제로 활용하고자 하는 중소 매장에서는 진입장벽이 높습니다. 우선 기술적인 지원과 사용자들의 확보가 필요한데 아직 환경이 구축되지 않았기 때문입니다. 중국은 이미 우리나라보다 O2O 시장이 앞서 있다고 봐도 과언이 아닙니다. 위챗 사용자들은 오프라인 매장에서 운영하는 공식계정을 통해서 온라인과 오프라인을 연결하는 경험을 하고 있습니다.

이 4가지 가치 외에 위챗 공식계정이 가진 가능성과 잠재력은 무궁

무진합니다. 다행히도 위챗은 개방성과 창의성의 특징을 가지고 있기 때문에 공식계정을 운영하는 주체에서 자신만의 가치를 새롭게 만들어낼 수 있을 것입니다.

위챗 공식계정 사용법

위챗 공식계정을 활용하기 위해서 공식계정 자체의 종류별 특징을 파악하여 자신에게 적합한 계정을 선택하여 신청하여야 합니다. 물론 한 기업에서 여러 계정을 만들어서 운영할 수는 있으나 중국의 운영 사례를 보면 대부분 두 개 이상의 계정을 운영하는 것이 한 개에 집중하는 것보다 효율성이 높지 못하며 효과적이지도 못합니다.

공식계정을 어떻게 활용해야 하는지를 아래 내용을 참고하여 고민해 보시기 바랍니다.

Section 01 위챗 공식계정 종류

위챗 공식계정은 서비스형, 구독형, 기업형으로 나누어져 있습니다. 각 계정마다 기능 및 서비스권한의 차이가 있습니다.

∷∷ 서비스형 계정 기능

① 한 달에 네 번 뉴스피드 단체 발송이 가능합니다.
② 상대방(팔로우)의 메인 채팅 목록에 표시되고, 신규메시지 알림표시가 됩니다.
③ 위챗 채팅창 하단에 메뉴버튼을 개발할 수 있는 권한을 부여 받습니다. 자신의 공식계정에서 고객에게 전달하고자 하는 콘텐츠를 분류하여 고객이 직접 메뉴버튼을 클릭하여 필요한 정보를 확인할 수 있습니다.

∷∷ 구독형 계정 기능

① 하루에 한 번 뉴스피드 단체발송이 가능합니다.
② 대화창의 공식계정 카테고리 안에 일괄적으로 들어갑니다. 홈페이지 메뉴 개념으로 이해하자면 메인메뉴의 하단메뉴처럼 상대

방이 두 번을 클릭해야 발송한 뉴스피드를 받아 볼 수 있습니다.

:::: 기업형 계정 기능

기업형 계정은 모바일 기업관리시스템을 위챗과 연동하여 기업에서 활용할 수 있도록 기술지원을 하는 것입니다. 기업, 정부기관, 학교, 병원, 협회 등에서 조직관리, 제휴업체관리, 기업내부시스템 등의 자체 기업시스템을 위챗과 연동하여 편리하게 모바일로 관리할 수 있게 합니다. 예를 들어 기업 sales force 시스템을 위챗으로 활용할 수 있습니다.

:::: 계정 종류별 기능 권한 소개

세 가지 계정은 각각 텐센트 위챗으로부터 인증받을 수 있으며 인증된 계정의 수를 포함하면 위챗 공식계정 종류는 총 6가지가 됩니다.

계정종류	구독형	서비스형	기업형
소개	- 매체와 개인에게 새로운 정보 전달 방식을 제공. - 독자와 소통할 수 있고 관리할 수 있도록 함	기업이나 조직에게 강력한 서비스와 고객관리 기능 제공. 위챗 공식계정으로 전면적인 서비스 인프라 환경 제공	기업이나 조직 내부 직원이나 제휴사와의 업무관리 IT시스템 제공

적합한 사용 대상	개인이나 조직		개인 사용 부적합		기업, 정부, 사업단위 및 기타 조직	
기능권한	보통 구독형	위챗 인증 구독형	보통 서비스형	위챗 인증 서비스형	보통 기업형	위챗 인증 기업형
단체발송 메시지 구독자 대화리스트 화면에 표시			●	●	●	●
단체발송 메시지 '구독형' 메뉴 내부에 표시	●	●				
하루에 단체발송 1건 발송	●	●				
한달에 단체발송 4건 발송			●	●		
단체발송 수 무제한					●	●
보안 메시지 공유 방지					●	●
팔로우시 신분 인증					●	●
기본적인 메시지 수신 및 회신 기능	●	●	●	●	●	●
대화창 하단에 자유 메뉴 구성		●	●	●	●	●
맞춤형 어플					●	●
고급인터페이스		일부 가능		●		일부 가능
위챗결제				●		

Section 02 위챗 공식계정 신청

현재 중국 내 사업자등록자를 대상으로 온라인 신청을 할 수 있도록 하고 있습니다. http://weixin.qq.com으로 들어가서 상단의 公众账号를 클릭하거나 http://mp.weixin.qq.com로 들어가서 회원가입을 클릭하여 신청할 수 있습니다.

∷∷ 위챗 공식계정 신청 절차

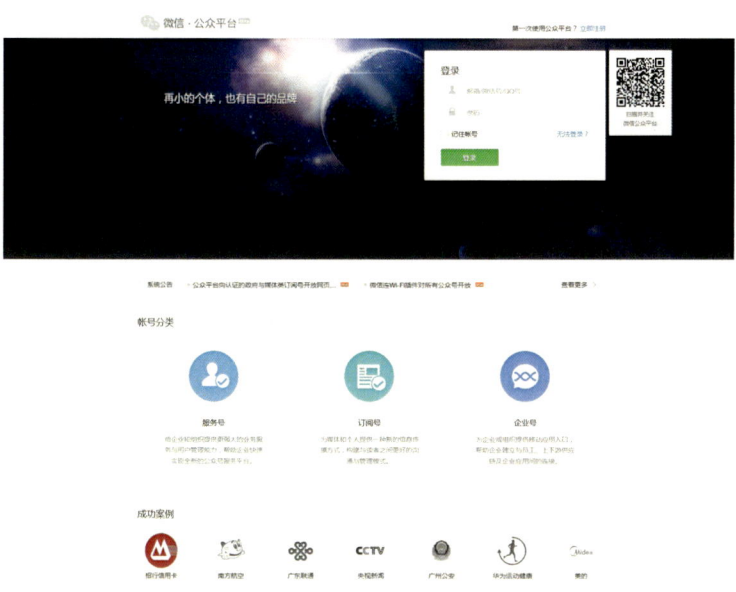

(mp.weixin.qq.com에서 회원가입 클릭!)

① 기본정보입력 → ② 이메일 승인 → ③ 공식계정종류선택 → ④ 정보입력

:::: 위챗 공식계정 신청 시 구비서류 및 입력 정보

신청 주체 구분	서류명 및 입력정보(중문)	서류명 및 입력정보(국문)
정부	政府全称 授权运营书 运营者身份证姓名 运营者身份证号码 运营者身份验证 运营者手机号码	정부기관 명칭 운영 권한서 운영자 신분증 성명 운영자 신분증 번호 운영자 신분 인증 운영자 휴대폰 번호

매체	组织名称 组织机构代码 组织机构代码证扫描件 运营者身份证姓名 运营者身份证号码 运营者身份验证 运营者手机号码	조직 명칭 조직기관 등록번호 조직기관 등록증 스캔파일 운영자 신분증 성명 운영자 신분증 번호 운영자 신분 인증 운영자 휴대폰 번호
기업	企业名称 营业执照注册号 营业执照扫描件 运营者身份证姓名 运营者身份证号码 运营者身份验证 运营者手机号码	기업 명칭 영업집조 번호 영업집조 스캔파일 운영자 신분증 성명 운영자 신분증 번호 운영자 신분 인증 운영자 휴대폰 번호
기타 조직	组织名称 组织机构代码 组织机构代码证扫描件 运营者身份证姓名 运营者身份证号码 运营者身份证 运营者手机号码	조직 명칭 조직기관 등록번호 조직기관 등록증 스캔파일 운영자 신분증 성명 운영자 신분증 번호 운영자 신분 인증 운영자 휴대폰 번호
개인	身份证姓名 身份证号码 运营者身份验证 运营者手机号码	신분증 성명 신분증 번호 운영자 신분 인증 운영자 휴대폰 번호

::::: 위챗 공식계정 기업 인증 신청 시 구비서류 및 입력 정보

기업정보		인증신청자정보		제출서류	
중문	국문	중문	국문	중문	국문
企业名称	기업명칭	认证申请者姓名	인증 신청자성명	组织机构代码证	조직기구 등록증

组织机构代码	조직기구 등록번호	认证申请者 部门与职位	인증 신청자 부서및직위	企业工商 营业执照 (副本)	기업공상 영업집조 (부본)
工商执照注册号	공상집조 등록번호	认证申请者 手机号码	인증 신청자 휴대폰 번호	申请公函 (下载申请 认证公函)	신청공문 (양식다운로드)
法定代表人/ 企业负责人姓名	법인대표/ 기업책임자 성명	认证申请者 座机	인증 신청자 사무실번호	其他证明材料	기타증빙자료
经营范围	경영범위	认证申请者 电子邮箱	인증 신청자 이메일주소		
企业规模 (企业员工人数)	기업규모 (직원수)	认证申请者 身份证明号码	인증 신청자 신분증 번호		
企业开户名称	기업계좌명칭	认证申请者 身份证件 (正面)	인증 신청자 신분증 (앞면)		
企业开户银行	기업계좌은행	认证申请者身 份证件(反面)	인증 신청자 신분증 (뒷면)		
企业银行账号	기업계좌번호				

* 인증된 공식계정의 인증 유효기간은 1년이며 매년 인증 재심사를 받아야 합니다. 매번 심사 시 300위안의 비용이 발생합니다.

FOCUS
한국사업자인 경우

    텐센트는 위챗 공식계정을 중국 로컬 계정인 웨이신 공식계정과 해외 글로벌 계정인 위챗 공식계정으로 구분을 하여 서비스하고 있습니다. 이 책에서 소개한 공식계정 사례는 첫 번째인 로컬 '웨이신 공식계정'을 설명한 것이며 해외 글로벌 계정 내용은 소개하지 않았습니다. 한국 사업자들이 위챗 공식계정에 관심을 가지는 이유가 중국 고객을 타깃으로 마케팅을 하고자 하는 목적인데 해외 글로벌 계정은 중국인은 볼 수 없는 계정이기 때문입니다.

    중국 로컬 공식계정 신청은 중국 내 사업자가 있는 경우에만 온라인으로 신청 가능하기 때문에 중국에 지사나 법인이 있는 한국사업자만 오픈된 신청 방법에 따라 계정을 만들 수 있습니다. 하지만 위챗 공식계정에 대한 해외 니즈가 갈수록 많아지고 있는 관계로 현재 텐센트 위챗은 대행회사가 공식계정 및 인증 신청을 한 이후, 오프라인 계약서 체결을 통해서 해외 기업의 계정 결제 소유권을 인정하고 있습니다. 공식계정에서 위챗 결제로 발생한 대금이 텐센트로부터 다이렉트로 해외기업 은행계좌로 송금될 수 있습니다. 일례로 미국 이베이 공식계정(서비스형 + 인증)이 있습니다.

    해외사업자가 온라인으로 '웨이신 공식계정'을 신청할 수 있는 가능성과 시기에 대해서는 아직 공식적으로 발표된 것이 없습니다.

	신청가능 공식계정	신청 방법	특징
중국 사업자	웨이신 공식계정	온라인 신청 (http://mp.weixin.qq.com)	중국인 포함 전 세계 위챗 사용자 확인 가능
해외 사업자	웨이신 공식계정	대행을 통한 신청	중국인 포함 전 세계 위챗 사용자 확인 가능
	위챗 공식계정	온라인 신청 (http://apply.wechat.com)	중국인을 제외한 글로벌 위챗 사용자 확인 가능

Section 03 위챗 공식계정의 편집버전 & 개발버전

위챗 공식계정의 편집버전과 개발버전은 콘텐츠 관리, 팔로우 관리, 기능 관리 등을 할 수 있는 관리자페이지로 이해하면 됩니다. 편집버전과 개발버전은 둘 중에 하나를 선택 사용할 수 있으며 수시로 변경이 가능합니다.

:::: 편집버전

위챗 공식계정이 신청 등록되면 사용할 수 있는 관리자페이지가 있습니다. 위챗 공식계정에서 기본적으로 제공되는 기능을 사용할 수 있으며 주로 단체발송 기능, 통계 기능, 팔로우 관리 등이 있습니다.

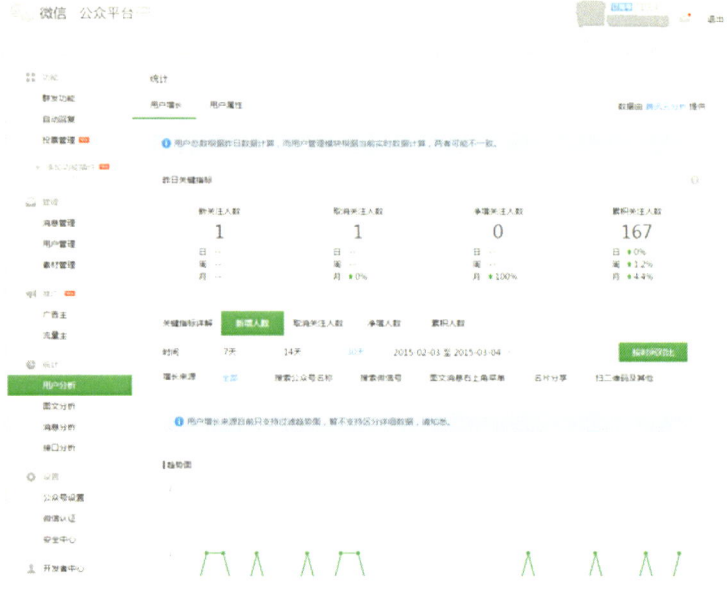

http://mp.weixin.qq.com

:::: 개발버전

위챗 공식계정 오픈 API를 통해 별도 개발한 기능을 사용할 수 있는 관리자페이지입니다. 이곳에서 개발한 다양한 상품 및 기능을 활용할 수 있습니다.

현재까지 개발된 일반적인 기능들은 모바일웹, 쇼핑몰, 회원카드, 다양한 이벤트 등이 있습니다.

:::: 9가지 고급 인터페이스

　서비스 공식계정이 인증을 받은 후에 9가지의 고급 인터페이스 접근 권한을 가지게 됩니다. 보이스 식별, 고객상담, OAuth2.0, 매개변수 QR코드, 팔로우 위치정보, 팔로우 기본정보, 팔로우 리스트, 팔로우 분류, 콘텐츠 업로드 및 다운의 권한을 자동으로 부여받게 됩니다.
　고급 인터페이스를 통해서 서비스형 계정 운영주체는 창의적인 서비스를 할 수 있으며 업무의 효율을 제고시킬 수 있습니다.

권한(중문)	권한(국문)	내용
语音识别	보이스 식별	보이스 식별의 인터페이스를 통해서 팔로우의 보이스 메시지 내용을 식별하여 텍스트로 변환함.
客服接口	고객상담 인터페이스	CS 인터페이스를 통해서 온라인(PC,MOBILE) 고객 상담이 가능함.
OAuth2.0网页授权	OAuth2.0 페이지 권한	사이트 권한 인터페이스를 통해서 공식계정은 사용자 승인을 요청할 수 있음.
生成带参数二维码	매개변수 QR코드	서로 다른 매개변수를 가진 QR코드를 만들 수 있고, 각 QR코드의 효과를 분석할 수 있음.
获取用户地理位置	사용자 위치 획득	사용자 동의를 거친 후 공식계정과 대화를 하고 있는 사용자의 위치를 받을 수 있음.
获取用户基本信息	사용자 기본정보 획득	사용자의 암호화된 OpenID를 근거로 사용자의 성별, 지역, 계정이름 등의 정보를 받을 수 있음.
获取关注者列表	팔로우 리스트	모든 팔로우의 OpenID를 받을 수 있음.
用户分组接口	팔로우 분류 인터페이스	팔로우들의 분류 이동, 신규생성, 수정 등이 가능함.

Section 04 위챗 공식계정 운영 TIP

위챗 공식계정에 대해서 기본적으로 고려해야 할 사항으로 아래 5가지를 말씀드릴 수 있습니다.

첫째, 공식계정의 목적성을 수립한다.
둘째, 공식계정의 기능 구축 설계를 최적화한다.
셋째, QR코드 배포 전략 기획을 한다.
넷째, 참여 이벤트를 기획한다.
다섯째, 팔로워의 지인 공유를 적극 유도한다.

구체적인 업무는 크게 3가지로 구분하여 설명할 수가 있습니다.

	기능 구축	운영 업무	홍보 업무
1	위챗 모바일웹 사용유무 판단	공식계정 인증 신청 여부 판단	위챗 KOL (Key Opinion Leader) 이용 여부 판단
2	위챗 회원카드 사용유무 판단	공식계정 콘셉트 설정	매체 보도 여부 판단
3	위챗 쇼핑몰 사용유무 판단	바이럴 마케팅을 위한 이벤트 기획	팔로우 모멘트 공유 관리
4	위챗 예약 사용유무 판단	고객 응대 CS	외부 SNS 채널 관리
5	위챗 이벤트 게임 사용유무 판단	자동 회신 설정	QR 코드 온/오프라인 배포

6	위챗 게시판 사용유무 판단	예약/구매 관리	외부 이벤트 참여 시 QR코드 노출
7	위챗 화보첩 사용유무 판단	팔로우 관리	회원 마일리지 관리
8	위챗 네비게이션 사용유무 판단	통계 관리	검색광고 진행 여부 판단
9	위챗 결제 사용유무 판단	포스팅 관리	오프라인 행사 진행 여부 판단
10	기타 다양한 위챗 개발 기능 사용유무 판단	이벤트 단체 발송	기타 다양한 QR코드 노출 및 방법 도출

위챗 공식계정 운영 사례

위챗 공식계정 사례는 중국 시장을 타깃으로 하는 한국 사업자 분들이 참고할 만한 것들을 위주로 선별하여 정리하였습니다. 그리고 각 사례마다 위챗 공식계정 운영 목적, 계정 종류 및 주요 서비스 기능을 소개하고 어느 업종 및 분야에서 활용이 가능한지 설명하였습니다. 총 21개의 사례를 보면서 대략적으로 위챗의 운영형태를 파악할 수 있을 것이며 사례소개에 있는 위챗 아이디를 조회하여 직접 보면서 이해하는 것도 도움이 될 것입니다.

운영사례를 스터디하다 보면 위챗 공식계정으로 중국 마케팅을 하고자 하는 한국 분들의 공통적인 질문이 있습니다. 어떻게 자신의 위챗 공식계정을 알릴 것이냐, 어떻게 많은 팔로우 수를 확보할 것이냐 하는 것입니다. 위챗은 웨이보와 달리 팔로우 수가 얼마나 되는지가 보이지 않습니다. 또한 다수의 불특정 대상에게 홍보를 하는 것이 아닙니다. 위챗 공식계정은 고객과 직접 소통을 하는 채널로서 가치를 가지며 팔로우 한 명, 한 명이 중요한 고객이라고 볼 수 있습니다. 웨이보는 1위안으로 20명의 팔로우를 구입할 수 있지만, 위챗 공식계정은 굳이 구매를 한다면 20위안에 1명을 팔로우로 구입할 수 있습니다.

위챗 공식계정은 허수의 팔로우에 의미를 두지 않고 휴대폰 번호와 연동한 진짜 계정의 팔로우를 확보한다는 목적을 가지고 있습니다.

중국 사례를 보면 팔로우 수가 증가되는 계기가 크게 두 가지인 경우가 많습니다.

첫 번째는 위챗 공식계정을 통해서 기존 고객이 불편했거나 번거로웠던 부분을 개선하는 편리 서비스를 제공하고 고객이 만족하는 경우입니다. 즉 고객 서비스 퀄리티를 높이는 데 주력하여 고객들이 서비스 만족 후 스스로 지인들에게 공유하는 바이럴 마케팅이 실현되는 것입니다.

두 번째는 고객 참여 이벤트 및 프로모션을 진행하는 것입니다. 위챗 공식계정이 기존의 채널과 다른 요소 중 하나가 온라인과 오프라인을 연계하는 마케팅 프로모션을 기획 및 실행할 수 있다는 것입니다. 고객들의 호응이 있는 이벤트 및 프로모션이라면 위챗 공식계정의 팔로우 수를 모으는 데 어렵지 않을 것입니다.

위챗 공식계정을 통한 마케팅으로 SNS 시대에서 진정한 바이럴 마케팅을 실현할 수 있습니다.

Section 01 电影票: 영화티켓 예매

- 위챗 공식계정 아이디: movie
- 위챗 공식계정 운영 목적: 영화 티켓 예매 서비스
- 위챗 공식계정 종류: 서비스형 계정 + 인증

:: 주요 서비스 기능

① 상영 중인 영화 소개 페이지를 '위챗 화보첩' 기능을 사용하여 영화 소개를 좀 더 시각화하여 표현을 하고 있습니다. 고객들에게 영화에 대한 기대 및 흥미를 가질 수 있도록 하고 있습니다. 이미지 내부에 동영상을 추가하여 한 편의 영화를 이해하는 데 최대한 완성미를 느낄 수 있도록 운영합니다.

② 신규 팔로우 회원에게 5위안의 홍바오를 주는 프로모션을 운영하고 있습니다.

③ 이벤트 메뉴가 있으며, 2015년 4월에 진행되고 있는 이벤트는 영화티켓 2장 구매 시 1장당 원가 80위안인 것을 19.9위안으로 약 75% 할인해 줍니다. 기간은 2015년 3월 30일~2015년 4월 30일까지 한 달간 진행하였습니다.

④ 퀴즈 맞추기 이벤트도 진행하고 있으며 총 5개의 영화 관련 질문을 맞추는 사람에게 영화 DVD를 경품으로 증정합니다. 매주 새로운 퀴즈 내용으로 진행되며 이벤트 진행 시 1회당 총 6명의 당첨자가 선정됩니다.

⑤ 마이페이지 메뉴 기능이 있고 예매 내역, 티켓 교환 안내, 고객 상담, VIP 서비스 정보 및 검색을 제공합니다. 위챗 공식계정에서 구매한 영화 티켓은 QR코드로 저장되어 영화관에서 QR코드 스캔 후 티켓 수령이 가능합니다.

⑥ 위챗 결제로 구매했거나 홍바오 금액으로 구매한 영화티켓은 본인이 사용할 수도 있고, 위챗에서 지인에게 선물로 전달하는 것도 가능합니다.

∷ 홍보 마케팅 POINT

① 신규팔로우 증가를 위한 홍바오 프로모션 진행

② 매주 재방문자 유도를 위한 주간 경품 설문 이벤트 진행

③ 재방문 유도를 위한 영화티켓 할인 이벤트 월간 진행

∷ 벤치마킹 대상

① 요우커 대상 한국 관광지 티켓업무 사업자

② 요우커 대상 한국 식음료 매장(레스토랑, 편의점, 커피숍 등)

③ 기타 오프라인 결제에서 선구매 후 구매확인 인증절차가 필요한 사업자

Section 02 西单大悦城: 쇼핑센터

- 위챗 공식계정 아이디: i-JoyCity
- 위챗 공식계정 운영 목적: 쇼핑센터 고객 이용 편리 서비스
- 위챗 공식계정 종류: 서비스형 계정 + 인증

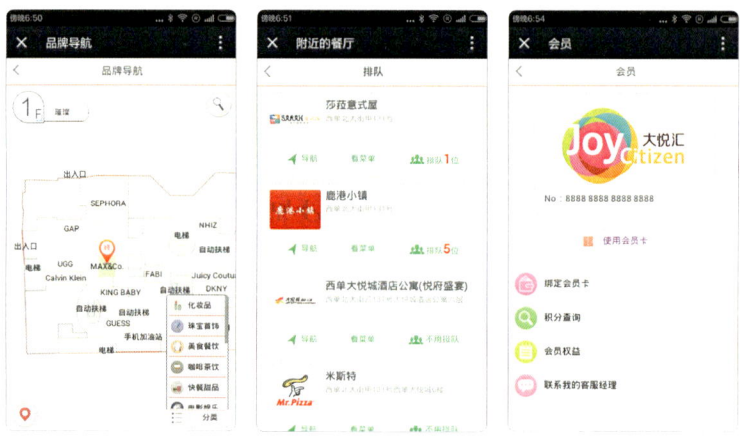

:: 주요 서비스 기능

① 쇼핑센터 기존 회원카드를 위챗 공식계정 전자 회원카드로 연동하여 관리할 수 있게 하고 있습니다. 구매 시 QR코드 스캔으로 회원카드 마일리지 적립을 할 수 있으며 마일리지 적립 내역을 확인할 수 있습니다.

② 쇼핑센터 매장 내비게이션 기능을 위챗 공식계정과 연동하여 서비스하고 있습니다. 쇼핑센터 층별로 지도 위에 매장을 표시하고 있으며 사용자 위치에서 매장을 가는 길을 내비게이션 기능을 활성화하여 안내를 받을 수도 있습니다.

③ 푸드코트 내 각 식당의 대기 현황 조회 및 사전 예약 서비스가 있어서 고객들이 혼잡한 시간을 피하여 편리하게 식사를 할 수 있습니다. 식당 매장별 메뉴도 소개되어 있으며 내비게이션 기능도 제공하고 있습니다.

④ 쇼핑센터 내부의 와이파이를 연결할 수 있으며 한 번 연결이 된 후에는 재방문 시에 별도 인증절차 없이 자동 연결을 지원합니다.

⑤ 마이페이지에는 푸드코트 예약 현황, 메뉴 예약 현황, 상품권 내역, 흔들기 이벤트로 획득한 할인권 내역, 회원카드 내역, 주차현황을 확인할 수 있습니다.

:: 홍보 마케팅 POINT
　① 위챗 공식계정 팔로우 대상 쇼핑센터 내 전 구역 무료 와이파이 제공
　② 위챗 회원카드 마일리지 적립 사용의 편리성 제고
　③ 주차현황 정보 제공으로 쇼핑센터 이용 편리성 제고
　④ 푸드코트 대기자 현황 조회 및 예약 서비스, 매장 내비게이션 기능 서비스 등으로 쾌적한 쇼핑환경을 조성하여 고객들의 만족도를 높임.

:: 벤치마킹 대상
　① 요우커 대상 쇼핑센터, 면세점, 백화점, 아울렛 매장

Section 03 北京艾玛整形美容: 성형외과 병원

- 위챗 공식계정 아이디: aimazx
- 위챗 공식계정 운영 목적: 병원정보 및 수술정보 안내, 고객 상담 서비스
- 위챗 공식계정 종류: 서비스형 계정 + 인증

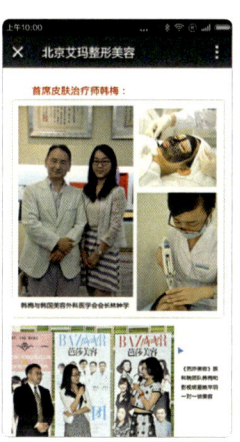  

:: 주요 서비스 기능

① 수술항목별 소개 콘텐츠 분류
② 병원소식 페이지를 텍스트 + 이미지 + 동영상을 활용하여 구성
③ 이벤트 소식, 와이파이 정보 등을 자동회신 기능을 설정하여 콘텐츠 제공
④ 전후사진 페이지를 '위챗 화보첩' 기능을 활용하여 시각적 효과를 높임.
⑤ 위챗 회원카드 발급, 회원카드 신청 시 500위안 증정 이벤트 진행
⑥ 병원 위치정보를 지도 기능으로 보여주고 지인에게 공유하거나 모멘트에 공유할 수 있도록 설정함.

:: 홍보 마케팅 POINT

① 위챗 회원카드 발급 기능을 활용하여 회원카드 신청 시 500위안 적립
② 위챗 회원카드 기능으로 부가서비스를 제공, 재방문 유도를 위해 고객관리를 함.
③ 이벤트 메뉴 페이지를 구성하여 고객들의 관심과 참여를 유도함.

:: 벤치마킹 대상

① 외국인 환자 유치 병원(성형외과, 피부과, 한의원, 검진센터, 안과, 치과 등)

② 외국인 고객 유치 뷰티업체(반영구화장, 네일, 헤어, 스파, 에스테틱 등)

Section 04 海底捞火锅: 샤브샤브 레스토랑

- 위챗 공식계정 아이디: haidilaohotpot
- 위챗 공식계정 운영 목적: 식당 위치 정보, 예약, 배달/포장 주문, 메뉴정보, 프렌차이즈 운영정보, 고객관리 서비스
- 위챗 공식계정 종류: 서비스형 계정 + 인증

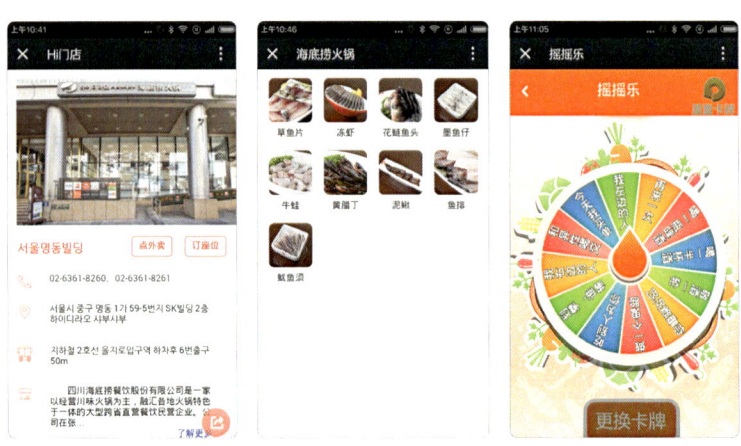

:: 주요 서비스 기능

① 지역별 식당 위치 및 정보 안내, 배달/포장주문 및 예약 서비스
② 언론매체 보도 기사정보, 종업원 채용공고, 식당 소개 안내
③ 메뉴판 소개
④ 자체 앱 연동, 게임 이벤트, 고객 관리 서비스

:: 홍보 마케팅 POINT

① 다양한 게임 기능을 통한 공식계정 재방문 유도, 지인에게 게임 공유가 가능하여 바이럴 마케팅 유도
② 커뮤니티 게시판 기능을 통해서 신규 및 기존 팔로우 방문 유도
③ 회원 마일리지로 쇼핑 결제가 가능하도록 하여 팔로우 고객들이 마일리지의 가치를 더욱 높게 평가함.
④ 배달 주문, 포장 주문, 좌석 예약 자체의 높은 편리성이 고객들에게 가치 있는 서비스로 평가됨.

:: 벤치마킹 대상

① 요우커 대상 배달 서비스 업종
② 프랜차이즈 레스토랑

Section 05 唯品会特卖: 할인 쇼핑몰

- 위챗 공식계정 아이디: vipshop201309
- 위챗 공식계정 운영 목적: 쇼핑몰 운영 및 고객관리
- 위챗 공식계정 종류: 서비스형 계정 + 인증

:: 주요 서비스 기능

① 회원관리 서비스를 통한 주문확인, 취소 등 업무 처리
② 할인상품 제공
③ 자체 앱 연동, 게임 이벤트

:: 홍보 마케팅 POINT

① 회원관리 서비스를 통해 고객이 직접 주문목록 확인 가능 및 취소처리 등 업무를 간편하게 사용할 수 있도록 하여 팔로우들의 방문 유도
② 지역별로 다양한 카테고리의 할인상품을 제공하여 팔로우들이 메리트를 느끼도록 함.
③ 업체와 쉽게 1:1로 상담할 수 있는 서비스를 제공하여 팔로우들의 궁금한 점을 빠르게 처리해 줌.

:: 벤치마킹 대상

① 중국 대상 쇼핑몰
② 요우커 대상 배달 서비스 업종

Section 06 街町酒店: 호텔/게스트하우스

- 위챗 공식계정 아이디: CHATINN
- 위챗 공식계정 운영 목적: 지역별 호텔 위치 및 정보 안내, 예약, 결제 서비스, 고객 응대 서비스
- 위챗 공식계정 종류: 서비스형 계정 + 인증

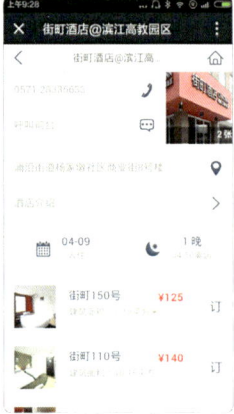

∷ 주요 서비스 기능
　① 지역별 호텔 위치 및 정보 안내
　② 날짜 선택 방 예약 및 결제
　③ 지점별 호텔 내부 시설 사진
　④ 고객 문의 응대

∷ 홍보 마케팅 POINT
　① 위챗 공식계정으로 예약, 방 선택, 결제, 퇴실 등의 호텔 이용의 간편 편리 서비스를 제공하여 고객들로 하여금 서비스의 만족을 최대화하는 데 주력함.

∷ 벤치마킹 대상
　① 요우커 대상 호텔/게스트 하우스

Section 07　爸爸去哪儿第二季: 예능 프로그램 '중국판 아빠 어디가'

- 위챗 공식계정 아이디: babaqunaer_hntv
- 위챗 공식계정 운영 목적: 방송 프로그램 콘텐츠 확산, 이슈화, 공유/바이럴 마케팅
- 위챗 공식계정 종류: 서비스형 계정 + 인증

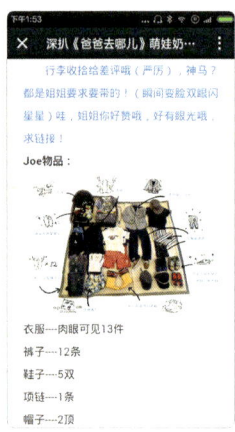  

:: 주요 서비스 기능

① 출연진 소개 및 콘텐츠 재구성
② 방송 내용 소개 및 콘텐츠 재구성
③ 방송 화면 이미지 콘텐츠화 재구성
④ 팔로우 참여 커뮤니티 운영
⑤ 음악 다시듣기, 영상 다시보기
⑥ 커뮤니티 게시판 운영
⑦ 게임 개발(출시 예정)

:: 홍보 마케팅 POINT

① 방송내용, 화제, 출연진 등의 콘텐츠를 원자료 또는 가공 콘텐츠로 재구성하여 프로그램 관심도를 제고시킴.
② 각 소개 콘텐츠 페이지를 팔로우들이 지인 공유 또는 모멘트 공유를 할 수 있도록 하여 팔로우 수를 늘림.

:: 벤치마킹 대상

① 런닝맨, 무한도전, 룸메이트 등의 예능프로그램
② 연예인 엔터테인먼트 회사

Section 08 倩碧Clinique: 클리닉 화장품

- 위챗 공식계정 아이디: China-Clinique
- 위챗 공식계정 운영 목적: 브랜드 홍보 및 회원관리 서비스
- 위챗 공식계정 종류: 서비스형 계정 + 인증

∷ 주요 서비스 기능

① 회원 마일리지 적립 기능
② 피부측정 및 컨설팅 기능
③ 마일리지로 경품 교환 기능
④ 이벤트 기능
⑤ 위챗 상담
⑥ 매장 정보 조회
⑦ 브랜드 소개 및 정품 보증 안내
⑧ 립스틱 색상 제안 기능

∷ 홍보 마케팅 POINT

① 팔로우, 게임 참여, 할인이벤트, 휴대폰 번호 연동, 피부 측정 참여, 온라인상담 등을 통해 마일리지를 적립해 줌.
② 피부 측정, 립스틱 색상 제안 등으로 고객 참여 유도

∷ 벤치마킹 대상

① 화장품 회사
② 뷰티업체

Section 09 若泉面膜: 마스크팩 화장품

- 위챗 공식계정 아이디: rospa-mask
- 위챗 공식계정 운영 목적: 브랜드 및 상품 소개, 대리상 모집 및 관리, 판매채널 안내
- 위챗 공식계정 종류: 서비스형 계정 + 인증

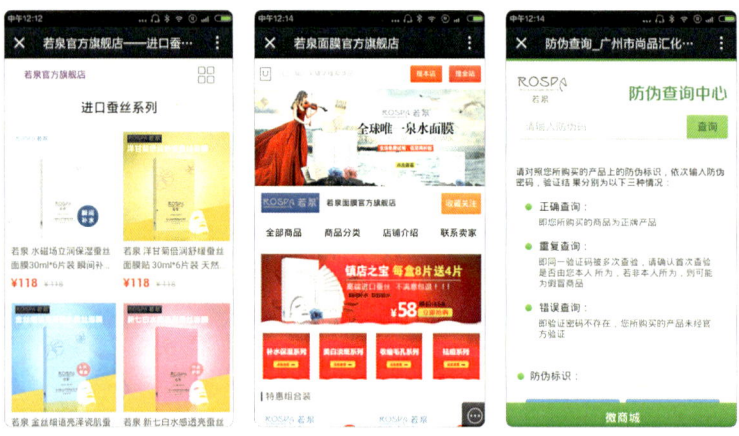

:: 주요 서비스 기능
  ① 브랜드 소개 상품 소개 이미지 화보첩 기능
  ② 대리상 모집 및 관리 기능
  ③ 판매채널 연동

:: 홍보 마케팅 POINT
  ① 대리상 모집 및 관리 위주 운영
  ② B2C 대상 판매 채널 안내

:: 벤치마킹 대상
  ① 화장품 회사
  ② 프랜차이즈 기업(커피브랜드 등의 요식업)

Section 10 米兰婚纱摄影: 웨딩촬영

- 위챗 공식계정 아이디: mlanhs
- 위챗 공식계정 운영 목적: 브랜드 소개 및 고객 예약 및 상품 구매 서비스
- 위챗 공식계정 종류: 서비스형 계정 + 인증

:: 주요 서비스 기능
　① 화보첩 기능
　② 쇼핑몰 기능
　③ 예약 기능

:: 홍보 마케팅 POINT
　① 문의 상담 경품 증정
　② 고객 할인 이벤트 진행

:: 벤치마킹 대상
　① 요우커 대상 웨딩촬영업체
　② 요우커 대상 뷰티업체

Section 11 e袋洗: 모바일 기반 O2O 세탁서비스

- 위챗 공식계정 아이디: ewashing
- 위챗 공식계정 운영 목적: 세탁물 픽업 예약 및 결제, 예약 현황 조회
- 위챗 공식계정 종류: 서비스형 계정 + 인증

:: 주요 서비스 기능

① 위챗 공식계정을 이용한 간단한 세탁물 픽업 신청 기능
② 위챗 공식계정 내 게임기능을 이용하여 재미를 주고 혜택을 받을 수 있는 할인쿠폰 발급
③ 사용 요금 안내
④ 현재 수령되어 있는 세탁물 현황 조회
⑤ 공식계정 이용 관련 FAQ

:: 홍보 마케팅 POINT

① 게임을 통한 각종 할인혜택 제공
② 회원가입을 통하여 보다 편리하게 서비스를 이용할 수 있음.

:: 벤치마킹 대상

① 요우커 대상 배달 업종

Section 12 奋斗在韩国: 한국정보 커뮤니티

- 위챗 공식계정 아이디: wwwicnkrcom
- 위챗 공식계정 운영 목적: 모바일 기반 커뮤니티 운영
- 위챗 공식계정 종류: 구독형 계정 + 인증

:: 주요 서비스 기능
① 한국 최신 트렌드 관련 소식
② 환율계산
③ 실시간 날씨
④ 내집 알아보기
⑤ 일자리 알아보기
⑥ 커뮤니티

:: 홍보 마케팅 POINT
① 실제 한국생활에 필요한 다양한 정보 제공

:: 벤치마킹 대상
① 잡지사, 커뮤니티 사이트

Section 13 小猪短租: 중국판 airbnb

- 위챗 공식계정 아이디: xiaozhuduanzu
- 위챗 공식계정 운영 목적: 집주인 방 등록, 방 검색 및 예약
- 위챗 공식계정 종류: 서비스형 계정 + 인증

:: 주요 서비스 기능

① 간편한 절차를 통하여 집주인 등록 가능
② 원하는 지역, 원하는 기간을 설정하여 숙소 검색 가능
③ 현재 예약되어 있는 예약현황 확인 기능
④ 고객센터 연결

:: 홍보 마케팅 POINT

① 손쉬운 집주인 방 등록
② 손쉬운 숙소 검색

:: 벤치마킹 대상

① 요우커 대상 게스트하우스
② 요우커 대상 요식업체

Section 14 武汉交警: 우한시 교통 경찰청

- 위챗 공식계정 아이디: wuhanjiaojing
- 위챗 공식계정 운영 목적: 우한시 교통정보 제공 및 행정업무 처리 간소화
- 위챗 공식계정 종류: 기업형 계정 + 인증

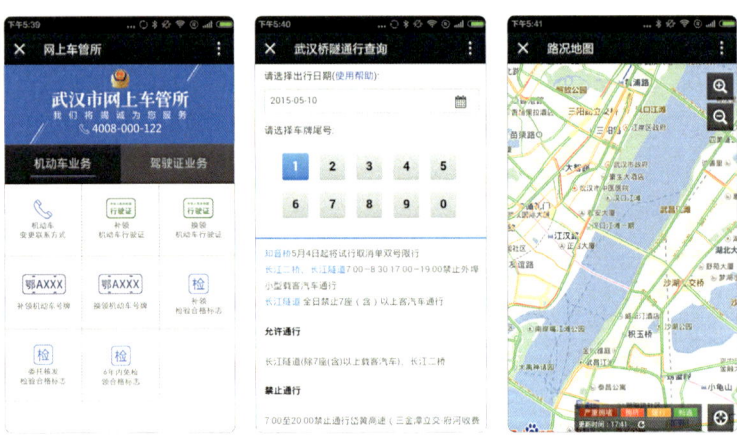

∷ 주요 서비스 기능

① 우한시 차량 교통 위반사항 조회 및 행정처리
② 우한시 등록 차량정보 조회 및 행정처리(차량등록, 검사, 번호판 관련 업무)
③ 교통 위반사항 코드 조회 및 설명
④ 우한시 실시간 도로별 교통상황 확인 기능(지도)

∷ 홍보 마케팅 POINT

① 교통국에 갈 필요 없이 간편하게 행정처리를 할 수 있음.
② 실시간으로 교통상황을 확인할 수 있어 운전자들에게 도움을 줌.

∷ 벤치마킹 대상

① 요우커를 대상으로 정보를 제공하는 시정부 단체

Section 15 好药师: 온라인 약국

- 위챗 공식계정 아이디: bjhaoyaoshi
- 위챗 공식계정 운영 목적: 의약품 판매 및 고객관리 서비스
- 위챗 공식계정 종류: 서비스형 계정 + 인증

∷ 주요 서비스 기능

① 의약품 쇼핑몰 (카테고리별, 추천상품, 외국약품 전용몰, 장바구니 기능 탑재)
② 공식계정 회원가입 즉시 사용가능한 할인쿠폰 제공
③ 긴급상황 시 개인정보를 등록하여 의약품 긴급배송 신청 가능
④ 회원관리 서비스

∷ 홍보 마케팅 POINT

① 가입 즉시 사용가능한 할인쿠폰 제공
② 개인정보 등록을 통한 간편한 의약품 구매 및 배송 가능

∷ 벤치마킹 대상

① 오프라인 프랜차이즈 업종의 신규 서비스 기획

Section 16 好乐迪KTV: 노래방

- 위챗 공식계정 아이디: haoledish
- 위챗 공식계정 운영 목적: 주변 매장 검색 및 혜택 제공
- 위챗 공식계정 종류: 서비스형 계정 + 인증

∷ 주요 서비스 기능

① GPS 기능을 이용하여 주변 매장 검색 가능
② 공식계정을 이용하여 노래 검색 및 노래 예약 가능
③ 상점 기능
④ 가입한 후 현금처럼 차감 가능한 홍바오(쿠폰) 제공

∷ 홍보 마케팅 POINT

① 현금처럼 사용가능한 홍바오 제공
② 주변 매장 검색 및 휴대폰을 이용한 간편한 예약

∷ 벤치마킹 대상

① 요우커 대상 오프라인 매장
② 노래방, 공연장

Section 17 WEWE: 패션회사

- 위챗 공식계정 아이디: wewecity
- 위챗 공식계정 운영 목적: 상품 판매 및 회원관리
- 위챗 공식계정 종류: 서비스형 계정 + 인증

:: 주요 서비스 기능

① WEWE 브랜드 상품을 구매할 수 있는 상점 기능

② 특별 할인 프로모션 진행

③ 출석체크를 통한 마일리지 적립

④ GPS기능을 이용하여 주변에 있는 WEWE 매장 검색

⑤ 회원관리 서비스

⑥ 회원들끼리 소통할 수 있는 커뮤니티

:: 홍보 마케팅 POINT

① 출석체크를 통한 다양한 혜택 제공

② 프로모션 내용을 간편하게 확인할 수 있고 이벤트 공유 시 경품 제공

:: 벤치마킹 대상

① 의류 및 기타 쇼핑몰 업체

Section 18 永乐票务: 공연기획사

- 위챗 공식계정 아이디: yonglepiaowu228
- 위챗 공식계정 운영 목적: 티켓 판매 및 업체 홍보
- 위챗 공식계정 종류: 서비스형 계정 + 인증

  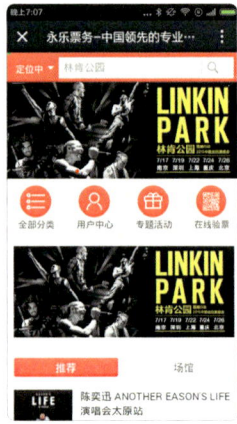

∷ 주요 서비스 기능

① 현재 공연 중인 티켓을 판매하는 쇼핑몰 기능
② 현재 진행 중인 공연을 검색하는 기능
③ 현재 진행 중인 공연 중 인기가 가장 많은 공연 안내

∷ 홍보 마케팅 POINT

① 추첨을 통한 무료 공연티켓 제공
② 인기공연 안내 및 공연검색 기능을 통한 사용자 편의성 증진

∷ 벤치마킹 대상

① 공연기획사
② 엔터테인먼트 회사

Section 19 范冰冰: 연예인

- 위챗 공식계정 아이디: fbbstudio916
- 위챗 공식계정 운영 목적: 연예인 소식 제공, 팬 관리
- 위챗 공식계정 종류: 서비스형 계정 + 인증

:: 주요 서비스 기능

① 팔로우한 연예인의 일반적인 소식 모음(뉴스, 사진, 영상)

② 팔로우한 연예인의 팬들끼리 소통할 수 있는 커뮤니티

③ 팔로우한 연예인의 스케줄 안내

:: 홍보 마케팅 POINT

① 좋아하는 스타의 일거수일투족을 한 번에 볼 수 있는 서비스 제공

:: 벤치마킹 대상

① 중국 진출을 희망하는 한국 연예인 및 셀러브리티

Section 20 首都博物馆: 박물관

- 위챗 공식계정 아이디: capitalmuseum
- 위챗 공식계정 운영 목적: 박물관 기본 정보 제공
- 위챗 공식계정 종류: 서비스형 계정 + 인증

:: 주요 서비스 기능

① 박물관 내부에 대한 자세한 소개
② 박물관 내에서 휴대폰을 통해 음성으로 설명을 들을 수 있는 기능 제공
③ 박물관을 찾아갈 수 있는 교통정보
④ 박물관 운영시간 안내
⑤ 박물관 관련 스케줄 및 공지사항

:: 홍보 마케팅 POINT

① 박물관 관련 정보 제공
② 박물관 내 음성 안내 기능 제공

:: 벤치마킹 대상

① 박물관
② 축제 행사

Section 21   日本国家旅游局 : 일본여행국

- 위챗 공식계정 아이디: 미설정
- 위챗 공식계정 운영 목적: 일본 방문 중국 여행객에게 정보 제공
- 위챗 공식계정 종류: 구독형 계정 + 인증

:: 주요 서비스 기능
　① 다양한 여행코스 추천(음식, 예술, 온천 등)
　② 동영상으로 된 여행일지 작성
　③ 일본여행 관련 FAQ

:: 홍보 마케팅 POINT
　① 일본의 다양한 관광코스 정보를 간편하게 확인할 수 있도록 제공

:: 벤치마킹 대상
　① 관광공사
　② 지방자치단체

PART 03
위챗 마케팅이란 무엇인가

대부분의 중국인들은 위챗에 가입한 후 지인들과 커뮤니티를 형성하고 있습니다. 위챗을 통해서 자신의 관심거리를 구독하고 실용적인 정보를 얻습니다. 사업자들은 위챗을 통해서 고객들에게 정보와 혜택을 전달할 수 있습니다. 위챗이라는 플랫폼 안에서 개인과 기업들은 발 빠르게 홍보활동을 하고 있으며 판매를 통해서 매출 목적을 실현하고 있습니다.

위챗 마케팅은 인터넷 경제시대에서 기업들에게 마케팅 모델에 대한 혁신적의 의미를 부여하고 있습니다. 위챗이 보유한 엄청난 사용자 수와 위챗이 만드는 중국 사회 생태계는 가장 강력한 디지털 마케팅 채널로서의 가치를 가지고 있습니다. 기존의 중국 마케팅 채널은 큰 중국시장이라는 특성상 개수도 많고 다양한 방법론들이 존재하였습니다. 효과가 있는 채널들도 있지만 많은 경우가 투자 대비 효과가 미비하였습니다. 중국시장 만큼 마케팅이 어려운 곳이 없다고 느낄 정도로 우리에게는 너무나도 벽이 높은 시장이지만 동시에 반드시 개척해야 할 존재이기도 합니다. 위챗이 주는 가치는 바로 중국 마케팅이 더 이상 어렵지 않다는 것을 알려주는 것입니다. 홍보 방법이 너무 많아서 어떤 것을 선택해야 할지 고민을 하지 않아도 되며 큰 마케팅 비용을 지출해야 한다는 부담감도 덜어 주기 때문입니다.

우리가 타깃으로 하는 중국 고객은 이미 위챗이라는 생태계 안에

들어와 있습니다. 위챗만 잘 활용을 한다면 고객을 확보하는 것이 결코 어려운 일이 아닐 것입니다. 또한 위챗에는 수많은 홍보마케터들이 존재합니다. 유용한 정보와 가치 있는 서비스가 있다면 자발적인 공유가 활발히 일어날 수 있기 때문입니다. 위챗 마케팅이란 노출 및 광고 위주의 방식이 아닌 사용자들이 콘텐츠에 얼마나 만족을 하고 얼마나 자발적으로 지인들에게 공유를 하도록 하느냐에 승패가 달려 있습니다.

아직은 우리에게 익숙하지 않은 위챗 마케팅에 대해서 관심을 가져야 하는 이유는 중국시장에 대한 의존도가 갈수록 높아지고 있는 상황에서 가장 효과적인 채널이 무엇인지를 알 수 있는 기회가 되기 때문입니다.

위챗 마케팅

위챗 마케팅의 거대한 잠재력

　위챗 마케팅은 주로 모바일 사용자를 대상으로 위치기반 마케팅을 진행합니다. 사업자는 위챗 공식계정을 통해서 위챗 모바일웹, 위챗 회원카드, 위챗 콘텐츠 발송 알림, 위챗 결제, 위챗 이벤트 등을 사용자에게 제공하며 온라인과 오프라인을 결합한 형태로 고객 참여마케팅 방식을 진행할 수 있습니다.

　오프라인과 온라인 시대 모두 "사람이 모여 있는 곳에 사업의 기회가 있다"라는 것이 중요할 것입니다. 위챗은 현재 이미 1억 명 이상의 중국 사람들이 매일 사용을 하고 있으며, 전체 사용자 수는 8억 명을 돌파하였습니다. 중국 13억 인구 중에 62%가 사용하고 있는 위챗에서 중국 기업들은 이미 위챗을 이용한 브랜드 마케팅의 '선점 전쟁'을 시작하였습니다. 위챗 자체의 기능과 서비스 상품들도 계속적으로 업데이트가 됨에 따라 중국마케팅 채널로써 효과가 더욱 높아지고 있습니다. 위챗을 통해서 사업자 브랜드 정보를 언제 어디서나 받아 볼 수 있게 되었습니다. 사업자들이 기존에 전화로 고객과 소통을 하여 통신비용에 대한 부담이 있었지만 위챗을 사용하면서부터 고객응대와 관리부문에 비용절감을 실현할 수 있게 되었습니다.

많은 브랜드 기업들이 위챗의 거대한 잠재력에 주목하고 있습니다. 위챗 마케팅 운영조직에 투자를 하고 있으며 기존의 운영시스템과 위챗을 연동 또는 병행하고 있습니다. 위챗 공식계정을 콘텐츠 단체발송, 위치기반 O2O마케팅 등을 위한 다양한 운영 목적성을 가지고 있습니다. 위챗 공식계정을 하나의 인격체로 간주하여 고객을 즐겁게 해 주며 소통하는 행위와 음악과 영상 전달 등의 방식으로 고객만족 서비스의 다원화를 실현하고 있습니다.

위챗이 빠른 속도로 성장한 지난 2년 간 적지 않은 수의 기업들이 위챗을 이용한 마케팅 성공 사례를 보여주고 있습니다. 위챗 전문콜센터를 운영하고 있는 곳도 있으며 다양한 이벤트나 게임을 통해서 고객 참여 마케팅을 실천한 곳도 있습니다. 위챗 공식계정 플랫폼이 제공하는 다양하고 창의적인 기능들을 활용한 기업 브랜드 또는 상품 마케팅은 이제 중국 시장을 타깃으로 하는 기업에게는 필수적인 선택이면서 커다란 비즈니스 기회입니다. 이는 모바일인터넷 시대로 진입한 중국에서 기업의 발전 방향성이기도 합니다.

위챗 마케팅의 장점

2012년 8월에 텐센트가 위챗 공식계정 플랫폼을 출시한 이후, 기존 웨이보에서 영향력이 있었던 유명인이나 기업들이 자신의 브랜드나 상품을 홍보하기 위해서 위챗 공식계정으로 빠르게 전환하는 모습을 보였습니다. 위챗 공식계정 내의 구독수가 급증하였고 몇 백만 개의 공식계정이 순식간에 만들어졌습니다. 위챗 공식계정이 기업들에게 환영을 받는 이유는 위챗이 서비스하고 있는 기능을 통해서 설명할 수 있습니다.

위챗의 혁신적인 기능으로 주로 3가지를 언급할 수가 있습니다. 바로 보이스 메시지 기능, LBS기능, 단체발송 기능입니다. 보이스 메시지 기능은 기존의 텍스트 입력이 불편했던 중국어의 한계를 극복할 수 있게 하였고, LBS 기능은 중국 O2O마케팅이 시작될 수 있었던 핵심 기술이었습니다. 마지막으로 고객 분류와 고객 니즈 분석을 바탕으로 홍보 콘텐츠의 단체 발송을 할 수 있게 되면서 고객 전환율이 높아지고 효율적인 고객관리를 할 수 있게 되었습니다. 그 외에 많은 기능들을 기업마케팅과 연계하여 중국 모바일 디지털 마케팅을 진행할 수 있게 되었습니다.

위챗 마케팅의 본연의 가치

위챗이 출시된 이후 많은 중국 사람들이 웨이보 마케팅과 위챗 마케팅의 가치를 비교하기 시작하였습니다. 위챗과 웨이보의 마케팅 측면에서의 차이는 무엇일까요? 콘텐츠 확산 측면에서 봤을 때 웨이보는 전파의 속도가 매우 빠르고 투자비용이 적습니다. 위챗은 상대적으로 사용자 개인의 커뮤니티에 초점이 맞춰져 있습니다. 대표적으로 모멘트라는 지인과의 소통 공간에서 서로 간의 정보를 공유하고 있습니다. 기업 브랜드를 알리는 홍보 측면에서는 위챗보다 웨이보가 확산성이 더욱 강하다고 할 수 있습니다.

하지만 위챗이 상대적으로 확산성이 약한 플랫폼인데도 기업들이 브랜드나 상품을 홍보하는 데 위챗을 활용하는 이유가 무엇일까요? 위챗은 텐센트의 핵심 상품인 QQ를 활용하여 사용자들의 참여를 일으키고 있습니다. QQ 지인들을 대상으로 흔들기 기능이나 모멘트 등의 위챗 기능 공유를 하도록 하고 있으며 영상통화, 워키토키, 보이스 알림 등의 기능을 지원하여 새로운 모바일 기반의 QQ 시대를 개척하고 있기 때문입니다. 지인들을 대상으로 확산되는 홍보 콘텐츠는 웨이보보다 더욱 신뢰 있는 메시지로 고객에게 전달되어 효과가 높은 디지털 마케팅으로 인정받고 있습니다.

위챗 마케팅의 상업적 가치

우리가 일반적으로 말하는 마케팅은 대부분 'PUSH'와 'PULL'방식으로 구분할 수 있습니다. PUSH는 자신이 타깃으로 하는 고객층을 대상으로 정보를 제공하는 것입니다. 이전 오프라인에서도 마찬가지고 웨이보에서도 마찬가지로 기존에는 대부분 마케팅 방식이 PUSH 위주였습니다. 반면에 PULL 마케팅 방식은 비교적 충성고객층을 대상으로 하는 것이기 때문에 전환율이 PUSH 방식보다 훨씬 높지만 실행하는 것은 더욱 디테일한 기획이 필요합니다.

최근 모바일 인터넷의 보급 확산과 더불어 디지털마케팅 관련 업계에서는 '정밀마케팅'이라는 단어를 화두로 삼고 있습니다. 모바일 자체가 가지는 의미가 개인화, 밀접한 관계 형성, 24시간 사용, 항상 휴대라는 특징을 가지고 있기 때문에 사용자들의 모바일 사용 패턴에 대해서 세밀하게 분석을 하여 정밀한 고객 타깃을 하는 것을 말합니다.

일반적인 상황에서 정밀마케팅을 완벽하게 하지는 못합니다. 인터넷 통계자료에서 우리는 UV(방문자 수)를 확인할 수 있지만 하나의 수치이며 사람이 아닙니다. 휴대폰 문자 발송 시 발송하는 기준은 사용자들의 휴대폰 번호이지 사람이 아닙니다. 이메일 단체 발송을 할 때에도 @의 이메일 주소이지 사람을 볼 수 없습니다. 마케팅 담당자는 이메일 발송을 할 때, 1만 개의 상해 거주 여자 회사원 이메일 주소를 확인할 것이고, 1만 개의 북경 소재 자동차 소유주들의 휴대폰 번호를 확인할 것이며 1만 개의 은행 VIP 고객의 주소를 확인할 것입니다. 하지만 고객의 정보들이 말해 주는 고객이 누구이냐는 질문에는 아무런 답변을 해 주지 못할 것입니다.

위챗 시대를 살아가고 있는 현재 중국은 기존의 PUSH 위주로 진행되어 온 마케팅 방식을 PULL 방식으로 전환할 수 있는 기회를 가지게 되었습니다. 위챗 사용자들이 자신의 위챗 공식계정을 팔로우했을 때 사용자들의 휴대폰 번호, 이메일 주소 등의 정보가 사람을 이루는 성질로 변화되어 자신이 소통하는 대상자가 정확히 누구인지를 알고 고객관계를 형성할 수 있게 되었습니다.

위챗 정밀마케팅은 고객층 분석에서부터 시작하여 각각의 고객 니즈 분석을 시도할 수 있고 최종적으로 고객과 진정으로 소통할 수 있는 환경을 말합니다.

　우리는 위챗이 가지는 상업적인 가치에 대해서 모바일 환경에서 변화무쌍한 행동들을 보여 주는 사용자들을 대상으로 유일하게 그들과 밀접한 관계성을 구축하고 소통할 수 있는 플랫폼이라는 점에 높은 평가를 할 수 있을 것입니다.

Chapter 02

위챗 공식계정 홍보 방안

위챗 공식계정 홍보를 위해서 일정수의 팔로우를 확보하는 것은 기본적으로 기획되어야 합니다. 기존에 보유하고 있는 중국 지인 및 네트워크를 최대한 활용해야 할 것이며 다양한 경로를 통해서 유입이 될 수 있도록 기획을 해야 합니다. 팔로우는 여러 채널을 통해서 유입될 수 있기 때문에 가능한 한 많이 노출시키는 전략을 세우는 동시에 중점으로 타깃을 하는 핵심채널을 관리하는 방식을 병행할 필요가 있습니다. 팔로우를 단 기간 내에 최대한 많이 모을 수 있는 방법으로 이벤트 진행이 대표적인 수단이며, 기타 홍보 방안을 포함하여 총 8가지로 구분하여 설명하겠습니다.

수단	내용
공유	- 팔로워가 모멘트 공유, 지인 공유를 할 수 있도록 기능 및 혜택부여 설정을 하여 자발적인 바이럴 마케팅이 되도록 함. - 공식계정 오픈 초기에는 개인계정의 팔로워에게 공식계정 명함을 공유하는 방식을 선택할 수 있음.
위챗 KOL (Key Opinion Leader)	영향력 있는 위챗 계정 운영자에게 콘텐츠 포스팅 및 공유를 요청하여 일시적으로 많은 사람들에게 노출이 될 수 있도록 함.

이벤트/프로모션	- 온라인/오프라인을 결합하여 다양한 이벤트 및 프로모션을 기획할 수 있음. 참여가 높은 내용으로 기획되어야 하며 주기적으로 진행하여 꾸준하게 팔로워의 참여와 공유가 발생하도록 관리하는 것이 좋음. - 이벤트, 프로모션 노출은 외부채널이나 제휴업체 및 기존고객을 활용하는 것도 고려할 수 있음.
외부채널 광고	- 바이두 키워드 광고 및 배너링크 광고, 인터넷 매체 보도, 잡지 광고, 커뮤니티 사이트 배너 광고 등의 중국 다양한 디지털 광고 채널을 선택하여 공식계정을 홍보할 수 있음 - 초기 운영 시 필요에 따라 광고를 집행할 수 있음
QR코드	- 홈페이지, 명함, 리플렛, 오프라인 매장 엑스배너, 포스터 등지에 공식계정 QR코드를 노출시킬 수 있음. - 제휴네트워크 인프라를 활용하거나 고객 밀집지역에 디스플레이형태의 노출을 고려할 수도 있음.
SNS	웨이보, Q ZONE, 웨이커뮤니티 등의 중국의 다양한 SNS 채널을 통해서 공식계정을 노출시키고 팔로우를 유도할 수 있음.
웨이디엔	모바일 전자상거래 플랫폼인 웨이디엔을 개설하여 하급 도매상들에게 상품을 팔도록 하는 것과 동시에 위챗 공식계정을 노출시켜 팔로우 수를 확보할 수 있음.
위챗공식계정 CPC 광고	위챗 공식계정 광고는 광고를 게재하는 주체와 광고를 신청하는 주체로 구분이 됨. - 자신의 공식계정에 광고를 허가하는 경우: 10만 명 이상의 팔로우가 있는 공식계정은 CPC 방식의 유료 광고를 신청할 수 있음. - 타 공식계정에 광고를 게재를 원하는 경우: 구독형, 서비스형 계정 중에서 인증을 받은 경우에 광고주 신청을 할 수 있음. [사례] - '유니레버(Unilever)'에서 월드컵 기간 동안 이벤트를 진행하면서 위챗 공식계정 광고를 하였고, 1주일 간 브랜드 노출 3000만 회, 이벤트 페이지 클릭 수 34만 회, 이벤트 참여 수 25만 명이라는 효과를 보았음. - 'P&G'는 매일 1.98%의 클릭율, 6,000회 클릭 수, 클릭 후 예약 전환율 50%를 달성하고 있음.

위챗과 웨이보의 차이

　중국 온라인마케팅 채널의 흐름은 BLOG마케팅에 이어서 SNS마케팅 채널이 부각되었고 그 중심에 140자까지 입력할 수 있는 MICRO BLOG 인 웨이보가 독보적인 위치를 차지하였습니다. 4~5년간 웨이보를 통해서 대부분의 중국인들이 정보서치를 하고 관심 계정을 구독하였습니다. 기업들은 웨이보 계정을 운영하면서 활발한 홍보활동을 진행하였고 정보 확산의 파급력은 대단하였습니다. 하지만 점차적으로 사용자들은 넘쳐나는 정보의 홍수 속에서 지쳐 갔고 자신에게 전달되는 무수한 콘텐츠들을 신뢰하지 않기 시작하였습니다. 마침 지인 간의 쌍방향 교류 채널인 위챗의 등장으로 사용자들은 빠르게 사용 전환을 하였고 웨이보는 더 이상 발전하지 못하는 채널로 전락해 버렸습니다. 또한 웨이보는 PC기반의 성격이 강했던 반면에 위챗은 모바일 세대를 살아가고 있는 중국인에게는 더욱 편리하고 접근성이 높은 채널로 받아들여진 것입니다.
　하지만 웨이보 사용자층이 결코 적지 않고 정보 확산 파급력을 가지고 있기 때문에 기업 마케팅을 할 때 위챗 보완 채널로써 웨이보를 활용하는 경우는 많습니다. 웨이보 포스팅에 위챗 QR코드 노출이나 위챗 이벤트 알림 등을 통해서 위챗 팔로우 수를 확보하는 방법으로 사용하고 있습니다.

위챗(WECHAT)	웨이보(WEIBO)
사회 관계형	사회 정보형
쌍방향 교류	단방향 정보 전달
사적인 교류 콘텐츠 중심	홍보형 콘텐츠 중심
실시간 교류	시간 차이 존재

Chapter 03

마지막 남은 중국 마케팅 수단

　중국 마케팅을 진행해 보신 한국 광고주 분들은 TV광고, 옥외광고, 잡지광고 등의 전통 오프라인 매체 광고부터 인터넷 신문 보도, 커뮤니티 배너광고, 바이두 검색광고 등의 온라인 광고, 그리고 웨이보 같은 SNS 채널까지 아주 많은 광고 제안을 받았을 것입니다. 중국이라는 넓은 영토의 특성상 여러 대행 업체와 홍보 채널들이 존재합니다. 과연 어떤 업체와 어떤 채널을 이용해야 타깃으로 하는 고객층에게 효과적으로 노출 및 홍보가 될지 고민을 많이 하실 겁니다. 더욱 중요한 것은 국내와 비교해서 마케팅 비용대비 효과 측정이 다소 불명확한 부분이 있기 때문에 집행하기가 굉장히 부담스러운 경우가 많을 겁니다.

　최근 몇 년간 적은 투자비용으로 비교적 높은 홍보효과를 누릴 수 있는 웨이보라는 SNS 채널이 어느 정도 한국 사업자들의 홍보채널로서 큰 힘이 되었으나 점점 웨이보 채널 자체의 신뢰도가 낮아지면서 이제는 마케팅 채널로 활용가치가 많이 떨어진 상태입니다.

　위챗 공식계정은 기존 중국 마케팅 시장의 패러다임을 바꾼 혁명적인 아이콘입니다. 고객에게 접근하는 방식을 바꾸어 놓았습니다. 광고주들이 일방적으로 불특정 다수에게 PUSH 홍보를 하는 형태가 아닌 고객과 소통하는 PULL 마케팅 방식을 정착화시킨 것입니다. 공식계정이라는 것이 처음 서비스될 당시에 위챗은 언론을 통해 공식계정의 의미를 고객관리 시스템이라고 정의하였습니다. 동시에 가장 강력한 기업 마케팅 플랫폼이라고 밝혔습니다. 공식계정이 탄생한지 2년만에 정확히 위챗의 지향하는 바가 현실화되었습니다. 위챗 공식계정으로 바이럴 마케팅이 이루어지게 되고 그 파급력은 기존 어떤 채널에서도 보지 못한 성공사례를 만들어 내었습니다.

위챗 공식계정은 기업들이 고객관리 시스템, 바이럴 시스템 구축에 별도 투자 없이 마케팅을 진행할 수 있도록 플랫폼을 제공하고 있으며 서비스 기능들이 날로 발전하고 있습니다.

중국의 인터넷 사용자 수가 8억여 명이며 위챗 사용자수 역시 8억여 명입니다. 즉, 한국 기업들이 타깃으로 하는 중국의 전 소비자들이 위챗을 사용하고 있다고 볼 수 있으며 위챗 채널 하나만으로 중국 지역구분이 필요 없는 마케팅을 전개할 수 있다는 의미가 되었습니다.

위챗 공식계정의 잠재력 중에 하나가 연결입니다. 위챗은 중국에서 하나의 생태계를 형성하고 있으며 모든 것을 위챗 생태계 내부로 연결하고 있습니다. 즉 중국 마케팅 채널이 일원화되어 가고 있다는 것입니다.

지금 위챗의 등장으로 인해 중국 시장 마케팅을 기획하고 있는 한국기업에게는 절호의 기회가 될 수 있을 겁니다. 한 채널만 집중하여 운영해도 되고, 성공적인 운영은 더 이상의 다른 채널이 필요 없는 상황을 만들어 주기 때문입니다.

마지막 남은 중국 마케팅 수단이라고 표현한 이유는 위챗 공식계정이 만들고 있는 마케팅 생태계는 아주 유연하게 다른 채널들을 흡수하고 있으며 향후에 대적할 만한 규모의 새로운 것이 나오기 쉽지 않기 때문입니다. 어느 채널이든 선점의 효과는 지속되며 혜택이 클 수밖에 없습니다. 만약 중국에서 위챗보다 더 효과적인 마케팅 수단이 나오지 않는다면 지금 위챗을 시작하지 않은 것이 큰 손실로 다가올 수 있습니다. 중국식 마케팅을 할 때가 바로 지금입니다.

부록 1

위챗 관련 용어 한·영·중 표기법

중문	영문	국문	의미
微信	wechat	위챗/웨이신	중국의 카카오톡으로 이해를 많이 하고 있음.
公众号 /公众账号	official account	공식계정 /공중계정 /공공계정	개인 계정이 아닌 기업형 계정으로 이해를 많이 하고 있음.
公众平台	official account platform	공식계정 플랫폼	공식계정 관리자페이지
编辑模式		편집버전	공식계정 플랫폼에서 기본적으로 제공하는 관리자페이지
开发模式		개발버전	API 개발을 통해 별도로 개발한 관리자페이지
开放模式		개방버전	APP을 연동하여 활용하는 경우 사용
微信支付	wechat payment	위챗 결제/지불	텐페이 시스템을 위챗에 적용하여 사용하는 위챗 결제 서비스
微信小店	wechat shop	위챗 쇼핑몰	위챗 공식계정 기능 중 하나
微信钱包	wechat wallet	위챗 지갑/월렛	위챗 메뉴 중 하나
微信卡包	wechat card pack	위챗 카드 지갑	위챗 메뉴 중 하나

부록 2

중국 모바일 전자상거래 플랫폼 '웨이디엔'

모바일 기반의 타오바오

작년에 중국의 한 기사에서 '야만적으로 성장하는 웨이디엔, 타오바오가 될 수 있을까?'라는 내용을 실었습니다. 기사내용 중에 1년 간 웨이디엔으로 다이어트 제품을 판매한 20대의 한 사람이 월 매출액 70만~80만 위안(한화 약 1억 4천만 원), 순이익 40~50만 위안(한화 약 7천 6백만 원)을 달성하였습니다. 아동책을 판 다른 사람은 하루 매출액이 3만 3천 위안(한화 약 6백만 원)이나 되었습니다. 두 명의 공통점은 회사를 운영하는 사업자가 아닌 개인 신분이라는 것입니다.

2003년에 '타오바오' 서비스가 출시된 이후 많은 개인 판매 상점 운영자가 발생하였습니다. 지난 10여 년간 중국의 전자상거래 황금기를 가져다 준 계기가 되었습니다. 중국은 기존 PC 기반의 전자상거래에서 이미 모바일 기반으로 전환되었고, 2013년부터 모바일 기반의 새로운 전자상거래 플랫폼이 탄생하게 되었습니다. 그 중심에 있는 것이 '웨이디엔', '파이파이 시아오디엔', '웨이신 시아오디엔'이며 모바일로 쉽게 쇼핑몰 상점을 개설할 수 있도록 지원함으로써 중국의 모바일 전자상거래 시장을 꽃 피우고 있습니다. 타오바오가 10여 년간 전자상거래 영역에서 독보적인 위치를 장악했지만 모바일 환경에서는 새로운 플랫폼 경쟁자의 비약적인 발전으로 인해 위기를 맞고 있습니다. 어떠한 플랫폼이 모바일 기반에서 승자가 되든지 간에 사용을 하는 판매자와 구매자들은 더욱 편리한 환경에서 전자상거래 행위를 할 수 있게 되었고, 향후 전자상거래 시장이 지속적으로 발전할 수 있는 토대가 구축되었다고 볼 수 있습니다.

웨이디엔 종류

명칭	특징	비고
웨이디엔 (微店)	- 판매자용, 구매자용 앱 有 - 판매자용/구매자용 웹사이트 有 (http://www.weidian.com/) - 하급 도매상 관리 시스템 지원 - 개인 신분으로 상점을 개설할 수 있음. - 개인 중국 은행 카드를 연동함.	텐센트의 투자를 받음 (1.45억 달러)
파이파이 시아오디엔 (拍拍小店)	- 판매자용, 구매자용 앱 有 - 판매자용/구매자용 웹사이트 有 (http://www.paipai.com) - 하급 도매상 관리 시스템 지원 - 개인 신분으로 상점을 개설할 수 있음. - 개인 중국 은행 카드를 연동함.	텐센트가 인수한 징동 쇼핑몰이 별도 개발하여 운영하는 서비스

웨이신
시아오디엔
(微信小店)
	- 위챗 공식계정에서 개설함.
	- 위챗공식계정 관리자페이지에서 신청 가능함.
	  (https://mp.weixin.qq.com/)
	- 인증을 받은 경우 개설 가능함.
	  (개인이 아닌 사업자가 해당)
	- 인증받은 기업의 은행계좌 연동
		텐센트 위챗의 자체 서비스

이 3개 외에 '웨이디엔왕', '타오바오웨이디엔' 등 여러 개가 더 존재하나 사용자 수가 상대적으로 적으며 향후 발전 가능성이 높지 않다고 생각됩니다.

웨이디엔을 활용하는 목적은 첫 번째가 매출일 것이며, 두 번째는 상품 및 브랜드 홍보일 것입니다. 바이럴 마케팅이 위주가 되는 모바일 환경에서 개인의 공유 하나하나가 큰 힘이 될 것이며, 공유 환경이 최적화되어 있는 것이 웨이디엔이기 때문입니다.

웨이디엔 개설방법

웨이디엔은 휴대폰 번호만 있으면 10분 만에, 최소한의 단계로 개설할 수 있다는 것을 알 수 있습니다. 개설이 완료되면 모바일 쇼핑몰 기능과 관리 시스템이 완벽하게 지원되는 놀라운 경험을 할 수 있습니다.

1. '微店' 어플리케이션을 다운받습니다.

2. 회원가입을 클릭하고 국가 선택 및 휴대폰 번호를 입력합니다. 한국도 선택 가능하며, 한국 휴대폰으로 인증문자를 받을 수 있습니다.

3. 휴대폰 번호로 인증문자를 보낸다는 메시지가 뜹니다.

4. 문자로 받은 인증번호 6자리를 입력합니다.

5. 비밀번호 6자리를 설정합니다.

6. 상점 로고 이미지 업로드와 상점명을 기입합니다. 이후에도 변경 가능합니다.

7. 중국 모바일 쇼핑몰이 개설 완료되었습니다. 전체 과정은 10분 내에 끝납니다.

참고자료

BAIDU BAIKE, 微信

TENCENT, 中国信息通信研究院 政策与经济研究所 2015.01.27.

微信思维, 羊城晚报出版社, 2014

你早该这么玩微信, 清华大学出版社, 2014

微信改变世界, 中国财富出版社, 2013

O2O移动互联网时代的商业革命, 机械工业出版社, 2012